Cécile Belleux & Virginie Gay

Les aventuriers de l'entraide

Société des Écrivains

Cet ouvrage a été édité par la
Société des Écrivains,
194, avenue du Président Wilson – 93210 Saint-Denis
Tél. : 01 84 74 10 20 – Fax : 01 41 684 594
www.societedesecrivains.com
client@societedesecrivains.com

Dépôt légal.

Préface

Un grain de folie

« Heureux soient les fêlés, car ils laisseront passer la lumière ». (Michel Audiard)

Cécile Belleux et Virginie Gay sont deux jeunes femmes franco-suisses déterminées à nous bousculer. Elles rejettent avec énergie le *chacun pour soi* d'une société où l'individualisme étouffe la responsabilité collective qui suppose l'attention portée aux autres.

À travers les longues années de maladie de Valentin, le jeune fils de Cécile, les expériences douloureuses, mais aussi joyeuses, composent le terreau sur lequel est née leur conviction : oui, figurez-vous, on peut changer son monde (et le monde) en changeant son état d'esprit devant l'inéluctable, devant l'insupportable, mais aussi devant les griffures du destin et les petits rendez-vous ratés avec la Vie.

Elles ont nourri cette connaissance au plus profond d'elles-mêmes et nous l'offrent avec aplomb parce qu'elles en ont mangé les fruits et goûté les effets.

Elles sont imprégnées de l'ardeur de transmettre.

Elles ont quelque chose du joueur de flûte de Hamelin. Elles nous attirent et nous entraînent à leur suite. Tentez donc de résister. Juste pour rire.

Un grain de folie, je vous dis. Elles avancent avec cette assurance que l'on trouve chez les filles de reines à qui l'on ne refuse rien. Et vraiment, tout semble s'ouvrir devant elles.

Et il faut les avoir vues de près pour tenter de compter les anges dont elles sont entourées et ceux-ci ne sont pas nécessairement pourvus d'ailes ! Ils sont éditeurs, industriels, directeurs d'école, étudiants aux multiples talents, secrétaires, vidéastes, enseignants, enfants, comptables, médecins, et bien plus encore.

À travers ce livre, Cécile et Virginie vous diront, entre autres, que la Vie orchestre au mieux les événements quand on la laisse faire, quand on lui fait confiance, quand on lui évite ce qu'elle abhorre : l'impatience et la résignation. Elles vous diront de ne jamais vous lasser d'être inspirés par de belles personnes qui font naître en vous l'élan ou le désir de créer. Elles vous diront de regarder avec attention autour de vous. Elles vous diront : « Entre et aide. Et n'oublie pas de rire. »

Finalement, elles font peut-être simplement leur boulot, celui que chacun devrait faire. Celui d'être une citoyenne, un citoyen connectés à l'humanité. Par leur démarche originale, elles ajoutent du bien au bien.

Elles sont ce que nous devrions tous être : *des tisserands qui réparent le tissu déchiré du monde*, expression tirée du livre d'Abdennour Bidar. Il parle de ces modestes héros de notre temps qui, en résistant aux « déchireurs » qui enlaidissent notre terre, restaurent les liens de fraternité endommagés entre les hommes.

Alors, suivons-les, nos modestes héroïnes !

De toute façon il est trop tard, vous êtes déjà embarqués…

Elisabeth Sola

Bienvenue

Salut, je m'appelle Valentin, j'ai quinze ans et je mesure 1m30. Heureusement pour moi, ma vie ne se résume pas à ma hauteur ! Elle est extraordinaire et j'ai la chance de la vivre comme une aventure. C'est pour ça que j'ai envie de vous la raconter. En transmettant mon histoire, c'est aussi une façon d'aider les autres et surtout de remercier tous les gens qui m'ont soutenu directement ou indirectement depuis cinq ans. Bien sûr, je pense à mes parents, mes sœurs, ma famille de cœur qui, tous, interviennent dans ces pages. Mais je n'oublie pas le reste de ma famille, mes amis grands et petits, les amis de mes amis, mes voisins proches ou lointains, mes écoles, certains médecins bienveillants, certaines infirmières douces et réconfortantes et beaucoup d'inconnus qui m'ont accompagné par des attentions chaleureuses et joyeuses.

Ce livre, c'est aussi leur histoire parce que ces personnes ont été tellement importantes pour moi.

Aujourd'hui, c'est une nouvelle porte qui s'ouvre pour nous tous. Alors, bienvenue !

Tout a commencé pour moi quand j'avais dix ans. Il faut dire que ça faisait déjà un moment que j'en avais ras-le-bol !

Imagine-toi en cours de récré, mon moment préféré pendant une journée d'école. Eh bien, je ne pouvais pas faire un pas sans me faire traiter de « petit » ou de « minimoys ». Je ne sais pas si tu connais le film, mais moi je les trouve moche, et en plus, moi je fais attention à mon look. Pour mes copains, c'était un jeu, mais je vivais ces surnoms comme des insultes et ma taille est devenue un vrai complexe. Si j'avais été grand et musclé, je leur aurais mis une raclée !

J'en avais tellement marre d'être petit que je me plaignais sans arrêt à ma maman. Elle a fini, pour me faire plaisir, par prendre un rendez-vous chez le pédiatre qui, j'en rêvais, me ferait sûrement grandir. Parce que, quand tu es grand, c'est trop cool, tu fais craquer les filles ! Durant la consultation, j'ai appris que je n'avais pas pris un millimètre en deux ans, date de ma dernière visite. Le médecin m'a alors fait d'autres examens pour en savoir plus. Après quelques jours, mes parents m'ont annoncé le résultat : une boule avait poussé dans ma tête. J'étais tout content de cette super nouvelle, on savait pourquoi je restais petit. En même temps, j'avais une sensation bizarre… Comment allait-on enlever cette boule ? Fallait-il opérer ? Aller à l'hôpital ?

Pour moi ces mots ne voulaient pas dire grand-chose. Ma seule référence à l'hôpital datait de la maladie de mon grand-papa qui avait eu un cancer et en était mort. Quand je lui ai rendu visite, il avait un gros trou dans la gorge qui me faisait peur. Je ne l'avais pas reconnu et j'ai été pleurer sur le balcon, en cachette. À dix ans, je pensais qu'on allait me réserver le même sort : un trou dans la gorge !

Je peux dire maintenant que je n'ai jamais vraiment eu peur d'aller à l'hôpital. Ça peut paraître bizarre, non ? C'est sûrement dû à plusieurs choses. D'abord au comportement joyeux de mes parents et à l'envie d'y aller pour qu'on me retire cette boule et que je puisse enfin grandir. Mais le lieu « hôpital » te colle direct une étiquette sur le front « maladie grave » et j'avais un peu d'appréhension. À peine un pied dans ce lieu, j'ai compris qu'il en était ainsi à voir l'attitude des blouses blanches, bleues et vertes.

Heureusement, mes parents étaient là. Ils se pliaient en quatre pour adoucir l'épreuve qui m'attendait.

Ils ne cesseront jamais d'être à mes côtés.

Au réveil, après l'opération, rien ne soulageait ma douleur. J'avais l'impression que mon crâne était tout ouvert et qu'il se transformait en volcan géant en pleine éruption. Les brûlures étaient insoutenables et cette souffrance en continu épuisait mon corps tout entier en mettant mes nerfs à vif. Même sans bouger, ça faisait « pire mal ». Je ne souhaite ça à personne.

Dans ce cauchemar éveillé, ma maman était mon meilleur médicament.

Il faut dire qu'elle a un don, ma maman. Elle m'a appris à ne jamais avoir peur de l'hôpital, de la maladie, des soignants, de la mort. Elle m'a appris à gérer la douleur.

Grâce à elle, je comprenais qu'il fallait toujours voir le bon côté des choses, parce que… ça pouvait toujours être pire !

Je me doutais bien qu'elle pleurait. Mais jamais devant moi.

Elle est si forte, ma maman.

Je réalise aussi ce qu'a dû endurer mon grand-papa comme souffrances. J'avais peur que mes sœurs réagissent comme je l'ai fait auprès de lui et qu'elles disent « oh, tu fais peur, t'es pas beau » et se mettent à pleurer. Quelle chance, elles ne me diront jamais ça quand elles viendront me trouver et je ferai tout pour les faire rire.

Aujourd'hui, j'avoue que je considérais cette première opération comme pas grand-chose, que je n'avais jamais pensé ni à la douleur, ni aux nombreux médicaments que j'allais devoir prendre à vie, ni aux futures trois opérations qui m'attendaient, ni aux deux mois de protonthérapie qui resteront sans résultat. Tout ça en cinq ans.

En résumé, je me trouvais au milieu d'un labyrinthe et je n'imaginais pas une seconde que cette histoire allait m'occuper pendant tant d'années.

Depuis le début, on a pris les choses au fur et à mesure qu'elles se présentaient sans jamais tirer des plans sur la comète. Mais, avec le recul, je peux affirmer que c'était « un peu beaucoup dur », comme je le disais quand j'étais petit. Il fallait surtout encaisser le fait que le traitement n'avait aucun effet sur la tumeur. Elle repoussait sans cesse et je ne grandissais toujours pas. Quand m'arrivaient ces mauvaises nouvelles, j'avais envie de sauter par la fenêtre ou de me taper la tête contre les murs pour tuer la boule en me disant « ça va rester comme ça peut-être toute ma vie ». Cela me rendait très nerveux. Bien sûr, si je l'avais fait, j'aurais perdu ma famille et mes amis, et ça, je ne le voulais pas, et je voulais encore moins l'idée que mes parents en souffrent.

Ma chance, c'est d'aimer la vie plus que tout.

C'est un tel cadeau de pouvoir se réveiller, respirer et faire plein de choses dans la journée. Aujourd'hui, j'aime même aller à l'école ! Apprendre, quelle chance !

Sur quatre ans d'école, je n'ai pu suivre qu'un mois de cours par année et j'étais souvent seul à la maison. Heureusement, Ethan, mon voisin, passait à la sortie des classes pour me tenir compagnie et, quand je n'étais pas trop fatigué, maman organisait un tournus d'amis qui venaient jouer chez moi.

J'aime tellement la vie que je veux mettre de la couleur partout. Je m'habille en couleur et je choisis moi-même mes vêtements. Je trouve qu'il y a trop de noir. C'est important de donner des couleurs à la vie. J'ai plein de stylos arc-en-ciel. J'ai besoin de m'entourer de couleurs et de choses gaies. S'il y a deux mots qui me correspondent vraiment c'est « sourire » et « couleur ». Dans ma chambre, je garde un Rubik's Cube pas construit pour laisser les nuances se mélanger.

Tout au long de ma maladie, je me suis inventé un monde peuplé de peluches qui allaient devenir mes amis. Je m'amusais aussi avec ma grenouille en peluche et lui faisais faire un tas de trucs que je ne pouvais plus faire : sauts périlleux, cascades, salto arrière…

Quand je recevais un nouveau jouet, j'avais tout un rituel de bienvenue. Je mettais la musique à fond et je fêtais cette nouvelle arrivée. Je les baptisais : le Maître du Monde, Monsieur Médicament, le Policier, l'Attrape-Cauchemars, etc. Ma peluche préférée était une licorne parce qu'elle invite à croire à l'impossible et donc à être joyeux, heureux et en vie. Et si tu penses que la licorne existe, tu peux aussi penser que tu vas guérir. L'imaginaire m'a aidé, c'était un moyen pour moi d'occuper mes journées sans pour autant fuir la réalité. J'ai construit des histoires animées en Lego, j'ai créé une chaîne YouTube avec scénarios et petits films tournés avec mes copains. J'ai fabriqué des tours de magie, et des chorégraphies, et des exercices d'entraînement physique qu'on répétait en famille ou avec les amis de passage. Ils en gardent des souvenirs de fous rires et de courbatures !

Ma famille et mes amis ont toujours été surpris de voir que, malgré mes souffrances, j'étais tourné vers les autres et prêt à les amuser ou à leur rendre service. Je ne peux pas expliquer pourquoi. C'était plus fort que moi. J'avais surtout cette attitude avec les petits ou les plus faibles. Par exemple, en salle d'attente du centre de radiothérapie, près de Zurich, j'inventais des énormes constructions avec les Kapla juste pour qu'un petit garçon puisse les détruire d'un seul coup. Ça lui faisait tellement plaisir ! Et il avait l'air d'être si mal. Je jouais aussi à cache-cache avec lui quand il pouvait. J'ai remarqué que la force des enfants diminuaient au fur et à mesure des séances. Au début, ils en avaient assez pour jouer, ensuite, ils restaient assis sans bouger et, pour finir, ils se retrouvaient tout épuisés dans les bras de leurs parents. Et après, ils venaient sur un brancard. Moi, j'ai eu de la chance. J'avais de la force tout le temps pour jouer même si je me retrouvais seul.

Toujours quand j'étais au centre de radiothérapie, il m'est arrivé une autre histoire assez drôle. C'était le jour de mon anniversaire, le 27 juillet 2017. Et mon plus beau cadeau a été la visite de mon ami d'enfance, Ethan, qui avait déménagé au Panama et m'a fait la surprise d'être là. Il fallait fêter ça dignement et quoi de mieux que des pétards puisqu'on était tout proche de la fête nationale suisse du 1er août. J'avais pile poil la monnaie pour acheter trois boîtes de pétards.

Une fois à la caisse, la vendeuse, une Suisse allemande comme on les imagine bien, assez grande et peu souriante, a regardé les boîtes et m'a fait comprendre que je ne pouvais pas les acheter. Interdit au moins de douze ans ! Je n'avais pas eu l'idée de prendre ma carte d'identité.

Alors a commencé une scène surréaliste. Elle me faisait signe que « non » avec les doigts, me montrant le pictogramme « 12 ans ». Moi, toujours par gestes, je lui disais : « Moi, quatorze ans » et elle répondait : « Non, non, non. » Une autre cliente nous a proposé de nous aider à traduire. Alors, là, je n'y ai pas été par quatre chemins et lui ai expliqué mon cas en jouant à fond la corde sensible des émotions. Ça a donné quelque chose comme : « Lui, c'est mon meilleur ami, il a déménagé hyper loin. Aujourd'hui, c'est mon anniversaire. Il est venu exprès. J'ai une tumeur au cerveau. Je suis traité dans le centre de radiothérapie à côté. On veut juste fêter nos retrouvailles. » J'ai pris mon regard de cocker sur le point d'être abandonné et j'ai regardé la vendeuse pendant que la cliente-interprète lui racontait toute mon histoire. Rien à faire. « Elle ne te croit pas », m'a lancé la dame. J'étais vraiment dégoûté. Et puis, j'avais tellement envie de m'amuser avec Ethan. Alors, j'ai proposé à mon ami :

— Et si on faisait un braquage suisse ?

— Un braquage suisse ?

— Oui, on laisse la monnaie sur le comptoir et on part en courant avec nos trois boîtes de pétards.

Cette solution ne semblait pas vraiment lui plaire… Il avait peur de se faire choper.

— Mais on laisse l'argent !

Rien à faire. On a dû retourner sur le parking, récupérer ma carte d'identité et revenir. Et là, ce n'était plus la même caissière qui nous recevait. Et on a revécu la même scène : « Non, c'est pour les plus de douze ans. » Je lui ai tendu ma carte en me la pétant grave, comme un agent du FBI qui sort sa plaque. La caissière a eu du mal à croire que j'avais vraiment quatorze ans. Elle a regardé chaque face et les a retournées comme si elles étaient fausses ou truquées.

Bref, on a enfin récupéré nos pétards et on a bien ri de cette aventure !

Ce n'est pas la première fois qu'il m'arrive ce genre d'histoire à cause de ma petite taille, la même depuis l'âge de sept ans. J'ai même pu voyager gratos en première classe pour revenir de l'école sur la ligne Lausanne-Morges. Le contrôleur qui m'y a installé pensait que j'étais trop jeune pour être sans mes parents ! Mais une autre fois, alors que nous étions dans un parc d'attractions avec notre famille de cœur, j'ai été refoulé devant l'une d'entre elles alors que j'avais l'âge, et Mathis, qui avait six ans de moins que moi mais était grand en taille, a été accepté. MDR (traduction pour les nuls : Mort de rire) ! Je me souviens aussi d'une caissière à l'épicerie de la gare de notre quartier qui n'avait vraiment pas l'air d'être heureuse. À chaque fois, je lui laissais un peu de monnaie. Elle me souriait, j'étais content, j'avais l'impression d'avoir fait quelque chose de bien. À la Saint-Valentin, je lui ai même offert du chocolat. Et puis, un jour, j'y suis allé avec ma sœur Ludivine. Je voulais m'acheter un petit paquet de bonbons, mais je n'avais finalement pas assez d'argent. La vendeuse qui m'a reconnu me l'a offert. Elle m'a dit que je lui avais laissé tellement de pourboires que c'était mérité. Pour m'amuser, je lui ai demandé quel âge elle me donnait. « Tu es tout mignon et tu as huit ans », a-t-elle dit ! Sauf que j'en avais quatorze.

Malgré toutes mes précautions, j'ai accaparé mes parents. La maladie ne s'arrêtait pas à l'hôpital. C'était 24 heures sur 24. Cette tumeur a touché toute la famille et j'ai bien remarqué la souffrance de mes sœurs quand elles me voyaient souffrir. Et je les savais tristes aussi de l'absence régulière de mes parents qui étaient à mes côtés. On n'avait pas le choix. On devait accepter cette situation pour l'affronter ensemble. Et, avec mes sœurs, on est encore plus proches aujourd'hui.

Grâce à tout cela, je suis plus fort à l'intérieur. Je n'ai plus peur de relever de nouveaux défis. La vie est un jeu. Je me fixe des objectifs. Avant de mourir, j'aimerais encore faire… la liste est longue ! J'adore visiter des endroits abandonnés. J'imagine aussi traverser le lac Léman à la nage. Je suis peut-être resté petit, mais j'ai attrapé la folie des grandeurs ! Je dois ce courage à Mike Horn qui m'inspire et m'accompagne dans mes pensées depuis une année. Alors aujourd'hui, comme lui, j'aimerais vraiment me dépasser et atteindre les sommets. Acteur, danseur, réalisateur, explorateur, je ne sais pas encore ce que je vais faire dans ma vie. Mais si un jour vous entendez parler de moi… c'est que j'ai réussi mon pari !

Pour s'y retrouver un peu, les dates des opérations subies par Valentin, né en 2003

- 1re opération : 28 novembre 2013 au CHUV (Centre hospitalier universitaire vaudois) à Lausanne.
- 2e opération : 19 janvier 2015 aux HUG (Hôpitaux universitaires de Genève).
- 3e opération : 26 octobre 2015 aux HUG.
- 4e opération : 15 mai 2017 aux HUG.
- Du 15 juillet au 30 août 2017, radiothérapie au PSI (Paul Scherrer Institut) à Villigen (canton d'Argovie), pas très loin de Zurich.

Nicolas, le papa de Valentin

Une tache… trop nette

Il y a certains jours qui restent gravés dans notre mémoire. C'était un vendredi de l'année 2013. Nous avions rendez-vous en fin d'après-midi pour une IRM au CHUV de Lausanne. J'ai accompagné seul Valentin. Nous y sommes allés l'esprit tranquille : c'était, pour moi, une simple formalité, car j'étais certain que les résultats seraient absolument normaux.

À la fin de l'examen, étant médecin et le faisant valoir, je me suis approché de l'écran où paraissaient les résultats de l'imagerie. J'ai immédiatement vu une très nette et importante tache tout à fait anormale au centre du cerveau. À ce moment, prenant sur moi, j'arbore un grand sourire et, avec un calme olympien, je fais part à l'assistante en radiologie de ce que je vois. Déroutée par mon apparente décontraction, elle en oublie toute précaution et me confirme, très décontractée, qu'il y a bien quelque chose d'anormal.

Je me liquéfie de l'intérieur, car, à ce moment-là, toute une série de diagnostics différentiels, réflexe appris et rôdé par mes années d'études de médecine, inondent mon esprit. Je ne dis évidemment rien de mes doutes et n'en laisse rien paraître.

Ce week-end-là, nous sommes partis en amoureux, avec Cécile, à Paris.

J'étais certain de ce que j'avais découvert, mais je l'ai gardé pour moi en caressant un micro-espoir : Et si j'avais mal vu ? Et si ce n'était rien finalement ?

J'ai passé 48 heures à gamberger : C'est grave. Non, ce n'est pas si grave… C'est grave. Non, ce n'est pas grave.

Lundi matin, à la première heure, le chef de la radiologie du CHUV m'a appelé pour s'excuser : « Je viens d'apprendre que vous avez vu les images radiologiques et la masse au niveau cérébral. Nous sommes vraiment confus. Ce qui s'est passé vendredi est intolérable et n'aurait jamais dû se passer de cette manière. Nous n'aurions jamais dû vous laisser partir avec vos doutes, sans explications, et ceci, pendant tout un week-end. Vous avez raison. Il y a quelque chose d'anormal. Vous avez rendez-vous demain afin que l'on puisse discuter de tout cela avec vous. »

J'étais fixé. C'était grave.

Cécile, la maman de Valentin

Champagne !

C'est vrai que Valentin se plaignait d'être petit. Mais, comme nous ne sommes pas une famille de géants, nous ne nous sommes pas du tout inquiétés. Pour lui faire plaisir, nous avons pris rendez-vous chez le pédiatre qui nous a dirigés vers l'Hôpital de l'Enfance à Lausanne. Ce fameux vendredi, Valentin a subi plusieurs examens dont sa première IRM cérébrale.

Le mardi suivant, nous étions convoqués, mon mari et moi, pour prendre connaissance des résultats. J'y suis allée très décontractée, n'ayant pas l'habitude de me faire du souci d'avance. Cependant, en entrant dans le bureau, j'ai été frappée par la tension palpable qui réunissait les cinq médecins qui nous attendaient.

Et là, c'est le choc. Le couperet est tombé : tumeur au cerveau très mal placée. Les médecins ne savaient pas vraiment comment cela allait évoluer. On dénombre seulement un à trois cas par année, en Suisse, de craniopharyngiome chez l'enfant. Une chose était certaine : il y avait urgence et l'opération aura lieu jeudi, dans deux jours. En quelques secondes, tout notre univers s'est écroulé. Les risques étaient immenses. Le pire pouvait arriver. Les perspectives d'avenir et de guérison étaient très floues.

Nos cerveaux ont reçu une tonne d'informations sans retenir grand-chose. C'était le chaos total. Mon mari a demandé un temps de réflexion. Les médecins nous ont octroyé quinze minutes et nous sommes sortis tous les deux de la salle complètement sonnés.

Nous avions donc quinze minutes pour décider du sort de notre enfant. C'était vertigineusement brutal. Pour nous, parents, notre enfant se portait bien. Rien n'était visible et il ne souffrait pas, aucun symptôme, à part le fait de ne pas grandir.

D'abord, nous avons pleuré un bon coup. Ensuite, nous avons compris que nous n'avions pas vraiment le choix et nous avons signé les papiers de décharge. Franchement, il valait mieux ne pas réfléchir aux conséquences possibles. Ni surfer sur le net à la recherche d'infos sur le craniopharyngiome. Et encore, j'ai de la chance, je ne sais rien sur cette tumeur et ses conséquences ou ses effets secondaires. Mais Nicolas... il est médecin et il suffit de lui dire un nom de maladie pour que toutes « ses fiches » sortent de son cerveau : nom, traitements envisageables, complications possibles, risques.

Après cette convocation à l'hôpital, il fallait annoncer ce résultat terrible à notre fils. Mais comment le lui dire ? Il avait dix ans et il fallait adapter notre discours à son âge. Les enfants sont des éponges. Ils arrivent à percevoir l'inquiétude même derrière le sourire de façade.

Alors, avec Nicolas, on a eu cette idée géniale qui semble folle, complètement folle et à l'envers du bon sens commun : acheter du champagne pour fêter ça. Nous voulions inverser le cours des choses, modifier notre perception de cette information, briser le sentiment d'accablement qui nous tenaillait, changer notre façon de penser pour sortir de notre souffrance et pour ne surtout pas la transmettre à Valentin et à nos deux filles. La joie et l'amour seront désormais nos lignes de conduite pour traverser cette épreuve. Nous nous sommes remplis de ce nouvel état d'esprit avant de rentrer à la maison en *switchant* avec fermeté sur une note constructive et profondément ressentie.

Nous étions embarqués malgré nous dans une nouvelle expérience, mais le choix conscient que nous venions de faire se révélera d'une puissance incroyable et déterminante pour la suite des événements. Mais cela, nous ne le savions pas encore.

Pour l'instant, il fallait accepter la sentence médicale.

Et laisser faire, suivre le courant, naviguer à vue.

Ne pas lutter. Ne pas se révolter. Ne pas injurier le sort. Ne pas céder à la victimisation.

Nous sommes rentrés sereins, prêts à parler à Valentin et à vivre la vie qui nous attendait. Je me souviens encore de sa réaction quand je me suis écriée : « Ça y est ! On a enfin trouvé pourquoi tu ne grandis pas ! » Il était tout content et ses yeux pétillaient. « Oui, c'est une petite boule qui pousse dans ta tête et qui t'empêche de grandir. » Il m'a demandé : « Mais qu'est-ce qu'il faut faire, alors ? » Le plus calmement du monde, je lui ai expliqué qu'il suffisait d'aller à l'hôpital pour l'enlever. « Et ça va faire mal, maman ? » Je lui ai simplement expliqué : « Les médecins et les infirmières vont tout faire pour que tu ne souffres pas. Ne t'inquiète pas. Et puis, papa et moi, nous serons toujours avec toi, tu ne seras pas seul. » Et j'en ai rajouté : « Tu sais Valentin, tu es le premier de la famille à aller à l'hôpital ! Alors, on va fêter ça, champagne pour les parents, coca pour les enfants ! »

Nous avions si bien rendu légère, festive et gourmande l'annonce dramatique que nous venions de vivre qu'en fin de repas, Ludivine, alors âgée de sept ans, nous a posé une question qui nous a beaucoup fait rire : « Mais je ne comprends pas, c'est son anniversaire ou pas ? » C'est vrai qu'il ne manquait qu'un gâteau et des bougies pour croire à un dîner d'anniversaire !

Nous, la famille bio qui mangeons des petites graines et des algues, qui soignons généralement nos enfants avec des trucs de grands-mères, un peu d'homéopathie, de l'argile et des tisanes aux multiples bienfaits, là, avec cette tumeur, nous allions au-devant d'un sacré défi ! Il fallait bien fêter ça, non ?

Lumière dans les ténèbres

Un seul parent peut rester avec son enfant à l'hôpital. Nous décidons très vite que ce sera moi. La nuit arrive, extinction des lumières. Je suis sur le lit de camp à côté de lui. Nous sommes seuls dans la chambre. J'observe Valentin avec une certaine angoisse. Mon fils va bien mais, demain, comme vais-je le retrouver ? Il m'a fait confiance. Je l'ai rassuré, mais je risque de le trahir en l'envoyant peut-être à la « boucherie » ! C'est affreux parce que je ne sais pas vers quoi nous allons. Je le regarde. Oui, il est petit, mais il semble en santé. Et demain ? Une opération à haut risque peut le rendre handicapé pour la vie. Cette peur de l'inconnu m'agresse physiquement et me brûle les tripes.

Et là, d'un coup, j'entends sa petite voix : « Maman, je n'arrive pas à dormir. » Je lui réponds tout doucement : « Viens dormir avec moi sur le lit de camp. »

Je sens son corps contre le mien. J'ai beau tourner le problème en boucle dans ma tête, je ne peux rien faire. En tant que maman, je ne peux que subir et constater mon impuissance. Je pourrais hurler de désespoir.

Là, soudain, me vient en mémoire l'idée que nos enfants nous ont été confiés et qu'ils ne nous appartiennent pas vraiment. Je m'accroche à cette idée et un flot d'informations me parvient : la transmission, pendant mon enfance, des valeurs familiales, celles de mes années de catéchisme, les discussions animées sur la vie avec mes amies, mes lectures et les enseignements de maîtres connus et inconnus. Ma perception de la situation commence à se modifier et un changement radical se produit en moi sans que je le cherche.

Tout naturellement, une phrase surgit du plus profond de mon cœur. Cette phrase unique m'enveloppe de douceur. Le feu de mon ventre s'éteint et fait place à une fraîcheur bienfaisante. Je suis en paix. Cette phrase puissante, libératrice, la voici :

« Que Ta volonté soit faite. »

Et malgré la gravité de la situation, nous dormons profondément, serrés l'un contre l'autre. Le lendemain matin, Nicolas nous rejoint tôt. Je pousse le chariot de mon enfant en route pour le bloc opératoire. Je suis sereine. Je suis en paix. Je me souviens de son rire de ce matin-là. Il était joyeux. Il a même fait une blague à un aide-soignant. Celui-ci nous a confié n'avoir jamais vu quelqu'un d'aussi heureux avant une opération. Valentin n'arrête pas de dire : « Allez, à tout à l'heure ! » avec un large sourire. Alors, je m'en remets entièrement à La Vie et à Dieu. À Dieu ou à une force supérieure à la mienne. Une force qui m'a un jour confié cet enfant. Quoiqu'il arrive, quelle que soit l'issue de cette journée, je l'acceptais. Je décidais de laisser faire la Vie.

Nicolas, le papa de Valentin

Seul à la maison

Un seul parent pouvait dormir avec Valentin à l'hôpital. Il était logique que ce soit sa maman. Je suis resté avec eux le plus longtemps possible. On a regardé un film ensemble pour tenter de nous changer les idées, de nous évader un peu de cette chambre d'hôpital. J'ai mis tout le monde au lit, Valentin dans le sien et Cécile sur le lit de camp. Enfin, je suis parti l'âme en peine. C'était une grande première pour moi. Dans cette épreuve, je n'étais plus médecin. Je me retrouvais de l'autre côté de la barrière, du côté de la souffrance, des émotions, des séparations. Un de mes enfants allait être opéré d'une maladie grave, une opération lourde avec de nombreux risques. Je les connaissais tous.

Déjà, lors de la première IRM, j'avais vu sa tache sur les images. Avant même qu'on nous convoque, je savais... Je n'ai pas voulu y croire pendant le week-end à Paris. Mais avant notre rendez-vous du mardi, inconsciemment, je savais.

Je suis arrivé la mort dans l'âme dans notre grande maison silencieuse et vide. En quelques heures, ma femme avait tout organisé pour que nos deux filles bénéficient d'un endroit bienveillant et joyeux pour supporter la séparation, d'une part, et d'autre part, pour les maintenir dans un milieu normal d'écolières entourées de leurs amis.

J'étais habité par un immense sentiment de tristesse de ne pas être avec Valentin et Cécile. J'ai péniblement dormi quelques heures en réglant mon réveil tôt pour être là au moment de la douche de pré-opération de Valentin. Une nuit courte, une nuit triste, une nuit agitée, une nuit très bizarre.

J’avais la désagréable sensation de ne pas être à ma place. Comme l’impression d’être en « décalage » par rapport à ce que j’aurais dû faire ou à la personne que j’aurais dû être.

Frank, le meilleur ami de Nicolas

Flash Infos

Quand Nicolas, mon meilleur ami depuis le temps de l'université, m'a dit que Valentin avait une tumeur au cerveau, ma première réaction, et c'est humain je suppose, a été de transposer cette situation sur l'un de mes enfants. J'ai ressenti un immense abattement intérieur. En tant qu'anesthésiste, je savais pertinemment par où ils allaient passer lors de la première opération : les risques extrêmes compte-tenu de la localisation et de la rareté de la tumeur, la longueur de l'intervention, entre sept et neuf heures pour une craniotomie sur 20 cm, les complications éventuelles per et postopératoires, les séquelles possibles et le danger sur la vie du patient. Je voyais tout cela comme si j'étais moi-même en salle d'opération.

J'étais évidemment très inquiet. Mais je dois reconnaître que le calme de Nicolas m'a impressionné. Que pouvais-je faire pour l'aider à part être là, l'écouter ou discuter d'autre chose pour lui changer les idées ? Je me suis renseigné pour connaître l'anesthésiste qui prendrait en charge Valentin et quel soulagement d'apprendre que c'était une amie. J'ai pu rassurer Nicolas et Cécile : c'était exactement l'anesthésiste à qui j'aurais confié, les yeux fermés, un de mes enfants en cas d'opération. C'est une personne ultra-compétente, charmante et dotée d'un excellent *feeling* avec les enfants et les parents.

J'ai proposé à Nicolas de me renseigner pendant cette intervention lourde et extrêmement complexe. Cécile et Nicolas allaient quitter l'hôpital. À quoi bon rester de toute façon ? C'est très anxiogène comme environnement. Ils partaient se promener dans Lausanne, changer d'air et se poser ensuite dans un salon de thé en attendant que les heures défilent. J'ai appelé l'anesthésiste trois fois pour suivre en direct l'évolution de l'opération. Nicolas et Cécile ne m'avaient évidemment rien demandé, et je leur disais juste : « Tout se passe bien. » Ces nouvelles capitales étaient encourageantes et permettaient de mieux vivre l'attente.

C'était logique pour moi d'avoir sollicité mon réseau afin de leur offrir le meilleur. N'est-ce pas normal que chacun aide son prochain dans la mesure de ses possibilités et de ses compétences ? Considérant que j'ai eu beaucoup de chance dans ma vie, je me dois de faciliter celle des autres, que je les connaisse ou pas. Si quelqu'un me fait une demande d'entraide, j'essaie toujours de faire quelque chose, aussi minime que soit mon action. Ainsi, je rends un peu de ce que j'ai reçu, à ma manière.

Le mot de Nicolas

C'est un peu comme si on avait un œil de Moscou à l'intérieur du milieu hospitalier. Je vous laisse imaginer à quel point cette aide a été précieuse. Un réconfort pendant ces longues heures d'attente. D'autant que l'action de Frank ne s'est pas arrêtée là. Il nous a aidés, par la suite, à trouver une autre équipe d'anesthésistes et de neurochirurgiens.

Nicolas, le papa de Valentin

L'angoisse au plafond

Après les premières heures aux soins intensifs, l'infirmière de nuit en charge de Valentin nous a dit : « Ne vous en faites pas. Nous sommes là. Allez-vous reposer, faites la grasse matinée, prenez soin de vous. »

Il est vrai que la journée avait été éprouvante. Potentiellement, Valentin pouvait mourir ou ressortir grandement handicapé. Nous avons fait confiance à l'infirmière. Elle connaissait son travail, était habituée à ce genre de contexte et nous avait promis de nous appeler au moindre problème.

Nous sommes donc partis, partiellement rassurés, mais conscients que nous avions besoin de repos et sachant surtout qu'il serait bon de prendre des forces pour affronter les jours et les mois qui allaient suivre. Du reste, nous n'avons même pas touché l'oreiller avant de nous endormir d'un sommeil de plomb.

Au matin, nous nous sommes réveillés naturellement tôt afin de rejoindre Valentin au plus vite. Et là, c'était l'horreur ! Nous l'avons retrouvé dans un état de choc émotionnel épouvantable. Il n'avait pas fermé l'œil de la nuit, terrassé par la douleur physique et la souffrance de notre absence. Il a passé la nuit à pleurer, à hurler et à nous réclamer. Il nous a raconté, en pleurs, le summum de son angoisse provoquée par les effets secondaires des puissants antalgiques administrés. Il était décollé du lit, aspiré et collé au plafond. Il criait à l'infirmière : « Au secours ! Attrapez-moi, je m'envole, attrapez ma main ! Je vous en supplie, aidez-moi ! » Dans cet état second, il n'a pas gardé le souvenir d'une main dans la sienne, mais plutôt de ces paroles : « Ne t'inquiète pas, c'est normal, laisse-toi faire. »

Avec Cécile, nous avons ressenti un mélange de rage, de colère, de culpabilité et de remords.

Cette erreur de la première nuit nous a tellement marqués au fer rouge que plus jamais, lors des opérations à venir, nous n'avons laissé Valentin seul. Dès ce jour, un tournus a été mis en place. Papa la nuit, maman la journée. Je n'avais pas de difficulté à veiller et à être présent pour Valentin. Par contre, je n'aurais pas été capable de gérer les journées avec les incessantes processions de médecins et d'infirmières ainsi que l'attention beaucoup plus conséquente que demandait Valentin. Cécile remplissait ce rôle à merveille. À chacun ses forces et ses faiblesses et si, dans un couple, on sait les reconnaître, on devient rapidement une équipe gagnante.

Assis sur une chaise spartiate dans un espace extrêmement confiné, j'ai passé quelques premières nuits éprouvantes au chevet de Valentin. Nous nous trouvions dans une vaste pièce qui peut accueillir jusqu'à huit enfants. Ils étaient tous dans un état critique, branchés à de nombreux appareils dont pouvait dépendre leur survie et qui servaient également à vérifier à chaque seconde leur état de santé. Les fins rideaux qui séparaient les lits n'assuraient aucune intimité et aucun repos possibles pour chacun de nous. C'est la dure réalité des soins intensifs.

Je suis son papa, mais aussi un psychiatre, j'ai donc rapidement remarqué que Valentin utilisait la pompe à morphine pour se rassurer. Bien sûr, il l'utilisait d'abord pour soulager ses douleurs physiques, mais pour moi, cela ne faisait aucun doute qu'il l'actionnait également pour calmer ses angoisses. On sous-estime malheureusement le stress immense que subissent les patients dans un univers hospitalier. Il va sans dire que pour Valentin, le sevrage de la pompe à morphine a été compliqué. Son *pschitt* calmant a été brutalement stoppé. J'ai pourtant proposé qu'on lui laisse la pompe à morphine tout en la débranchant afin qu'il bénéficie de l'effet placebo. Les médecins n'ont pas pris en compte ma proposition.

Il a été très difficile d'assister, impuissant, à ces aberrations thérapeutiques où le *guideline* était plus important que l'être humain et ses besoins.

Dans ces moments-là, le soutien des proches est vital. Grâce à un ami, un groupe de prière international s'est rapidement mis en place dès l'annonce du diagnostic.

De savoir que des gens vous envoient leurs pensées par leurs prières a été, pour moi, d'une force inouïe, d'un pouvoir phénoménal sur le déroulement des événements. Et je pèse mes mots. On se sent réellement protégé par une puissance supérieure. Nous n'étions plus seuls. L'entraide était en marche. Pour parler en image, c'est comme si j'avançais sur un champ de bataille avec, face à moi, une armée gigantesque. Me voilà solitaire sur mon cheval. Et d'un coup, derrière moi, les renforts arrivent. J'entends alors des cornemuses, la musique et les pas des guerriers qui sont là pour me soutenir. Cette chaîne humaine invisible, mais tellement puissante, a été d'un réconfort primordial pendant tout le temps de la maladie de Valentin et lui-même était très encouragé à l'idée que tant de personnes de par le monde pensaient à lui. Nous ne les remercierons jamais assez.

J'ai grandi dans un milieu catholique et pratiquant. J'ai bien sûr évolué avec le temps et réfléchi à la recherche d'un chemin spirituel qui me convenait. Le pouvoir de la prière est, pour moi, intimement évident. Les prières, mais aussi le rire qui éclatait à la lecture des blagues de Virginie et à ses commentaires. J'ai aussi décompressé par des moments de solitude pour retrouver la sérénité et par le sport pour me défouler.

Je ne pouvais pas guérir Valentin, mais je me refusais à m'apitoyer et à pleurnicher à ses côtés. J'avais le pouvoir de transformer ce cauchemar en quelque chose de bénéfique pour lui, de l'aider à dédramatiser, à garder le sourire, mais surtout à garder la confiance en lui et en ses forces insoupçonnées.

C'est ce que nous avions décidé avec Cécile dès l'ouverture du champagne. Notre engagement serait de lui transmettre un état d'esprit différent pour traverser cette épreuve. Et ce devoir de transmission nous a permis de mieux l'intégrer en nous.

Le mot de Virginie

L'initiative de notre ami de mettre en place cette chaîne de prière pour Valentin est d'une beauté et d'une bonté incroyables. C'est si simple. En priant pour quelqu'un d'autre que soi, on se sent utile. Être unis à des inconnus de tous pays, réciter ensemble la même prière à des heures précises de la journée et dans un but commun apporte une dimension supplémentaire à cet acte.

Virginie, la meilleure amie de Cécile

Blague à part

Quand j'ai appris que Valentin avait une tumeur, je suis entrée dans une zone de turbulences extrêmes. J'étais secouée intérieurement tant j'aime profondément cet enfant que j'ai vu naître. Je devais encaisser et réagir très vite puisque le temps entre le rendez-vous chez le pédiatre et la première opération a été court et le typhon d'émotions, violent. J'imaginais Valentin, hospitalisé et vulnérable devant la perte de tous les repères si sécurisants de la vie courante. Dans l'environnement hostile où vivaient mes amis, je devais rapidement trouver ma place et une façon d'aider, d'être utile sans gêner personne.

Surtout, surtout, je devais prendre en compte l'attitude des parents qui m'avait complètement scotchée : accepter et fêter ça. Mais comment allais-je trouver le juste ton sans tomber dans la pitié, dans la plainte, dans les larmes qui me montaient aux yeux ? Comment moi, la meilleure amie de Cécile, la marraine de Ludivine, la tata de cœur de Valentin, allais-je pouvoir me hisser à la hauteur de cet état d'esprit ?

Le comportement de Cécile et Nicolas était tellement digne, tellement positif, tellement inspirant… Inspirant, oui. C'est à ce mot que j'allais m'ancrer pour agir.

Parce que le coup du champagne, c'est quelque chose que je n'oublierai jamais ! Qui aurait dit que les petites bulles pétillantes allaient, un jour, m'inspirer autre chose qu'une gourmande satisfaction ? Mes amis avaient choisi le chemin de la joie. Bien. Je choisirai alors joyeusement le chemin de l'entraide.

Cécile a été pour moi une vraie source d'inspiration. Elle n'a donné aucune chance au mauvais sort de s'abattre sur elle. Il y a, dans cette décision, quelque chose d'héroïque. Elle a fait tourner le vent à l'aide de petites choses simples qui font toute la différence. Aurais-je été capable d'une telle attitude ? La force et le secret de cet état d'esprit résident dans notre façon de penser et d'appréhender les événements. En les vivant sur le mode « mon Dieu, que c'est difficile ! » elles le deviennent puisque notre cerveau les perçoit comme « difficiles ». En revanche, si on pose sur elles un regard sans jugement en constatant tout simplement qu'elles « sont », on va les vivre autrement, avec plus de légèreté et le moins possible d'émotionnel. Oui, c'est une prouesse possible si le courage est au rendez-vous.

Il est plus aisé (et plus naturel, pourrait-on dire) de se laisser entraîner par le flot des émotions en ne leur imposant aucune résistance. Et c'est, au fond, plus confortable, que de travailler notre volonté à ne pas les laisser nous submerger. Alors, à moi d'être vigilante sur mes formes de pensées puisque mes paroles et mes actions allaient en découler.

L'opération de Valentin devait durer plusieurs heures, l'hospitalisation plusieurs semaines. La longueur des journées irait en s'étirant.

Je me creusais la tête pour savoir comment j'allais leur apporter mon aide sachant que Cécile avait été claire : pas de contact. Elle voulait concentrer toute son énergie sur Valentin sans se disperser au téléphone. Alors, comment faire ? En réfléchissant bien, c'est l'histoire du champagne qui avait donné le ton. Je devais me mettre au diapason de la joie : apporter de la bonne humeur dans leur quotidien, alléger le plus possible ce séjour à l'hôpital, redonner le sourire à Cécile et Nicolas.

Dans la vie, je suis infirmière aux urgences. Je sais à quel point le monde des soins intensifs est violent : le patient est très souvent entre la vie et la mort, le bruit des machines ne s'arrête jamais, la lumière est aveuglante et, très vite, les notions de jour et de nuit s'embrument. Dans ce milieu vraiment inhospitalier, j'apporterai de la légèreté. Quelle bonne idée ! Pour moi, le rire amène la légèreté. Les études cliniques sur les bienfaits du rire en sont la preuve. Comme je suis archinulle en blagues et que je suis incapable d'en retenir une seule, je décide d'acheter des livres sur le sujet. Je lis, je ris, je trie. Chaque heure, j'envoie par sms, une blague destinée soit à Cécile, soit à Nicolas ou à Valentin, car je savais quelle blague allait faire rire chacun. Parfois, Cécile me répondait. Mais même sans ses réponses, j'ai continué durant tout le séjour à l'hôpital.

J'attendais le feu vert de Cécile pour me rendre auprès de Valentin. C'est ça aussi l'entraide. Se rendre disponible en fonction du besoin de l'autre. Au bout de quelques jours, Cécile m'a autorisée à venir. J'avais pris une peluche pour Valentin et un repas sain pour Cécile et Nicolas, à base de sushis et de salade d'algues. Les algues, ce n'est pas vraiment mangeable selon moi, mais Cécile adore. Je voulais lui faire plaisir et surtout lui faire oublier le milieu hospitalier pendant un instant.

J'étais chanceuse que Valentin ait accepté de me voir, car il ne supportait aucun changement, aucun stimuli, aucune visite tant il souffrait d'un épuisement total de son système nerveux. Il souffrait réellement de la tête aux pieds. Dieu sait si j'ai été confrontée à des situations difficiles dans mon métier d'infirmière urgentiste pendant dix ans, mais voir cet enfant endurer un tel supplice, c'était l'enfer. Je suis restée avec lui, dans le silence, en lui faisant des caresses toutes douces du bout des doigts sur son bras. Cécile avait trouvé, avec ce geste tendre et répétitif, une astuce qui calmait un peu sa douleur nerveuse. Elle passait dix à douze heures d'affilée à faire ça.

L'entraide commence par le respect et la connaissance de l'autre qui permet d'agir selon ses besoins et non pas selon les siens. Valentin avait besoin de silence et de repos. Je n'allais pas commencer à occuper l'espace et le fatiguer avec mes questions et mes paroles. Je devais juste être là, à ses côtés, à leurs côtés à tous.

Le mot de Cécile

Mon quotidien n'était que centré sur les douleurs et les résultats de Valentin. Les blagues de Virginie, je les ai vécues comme une bouffée d'oxygène, comme des moments hors du temps qui me sortaient de cet univers lourd et pesant. Pendant quelques secondes, j'étais chez moi, à la maison, à plaisanter et à rire avec Virginie.

Virginie, ma meilleure amie, mon soutien, celle qui me connaît presque mieux que moi. Je l'appelle d'ailleurs mon « décodeur ». Elle avait trouvé un moyen original et adapté à notre situation pour nous dire qu'elle était là, avec nous, à cet instant-là, parce que l'entraide, c'est comme une montre suisse : précise à la seconde près !

L'entraide, c'est respecter l'espace de l'autre dans la réalité du moment.

À l'occasion d'une autre opération subie par Valentin, Virginie était en voyage avec Frank à Dubaï. Qu'à cela ne tienne ! Elle nous ferait rire quand même en renouvelant la compresse de l'humour sous d'autres formes que les blagues. Elle a imaginé des photos complètement décalées avec des mises en scène loufoques dont les plâtres ont été essuyés par Frank, immortalisé dans des postures improbables qui provoquaient nos éclats de rire.

Frank, le meilleur ami de Nicolas

Un petit tour en hélico

Valentin était aux soins intensifs depuis plusieurs jours déjà. Pour ma part, la vie continuait : bloc opératoire comme anesthésiste, maison, sauvetage héliporté, maison... Un jour de printemps, je suis appelé à la Maison du Sauvetage pour transférer un patient intubé d'un hôpital régional en centre universitaire, celui où séjournait Valentin. J'ai informé le pilote d'hélicoptère, Bertrand, que j'aurais besoin d'un peu de temps avant le retour, car je souhaitais rendre visite à Valentin aux soins intensifs. Je lui ai expliqué en quelques mots la situation. Ni une, ni deux, Bertrand a disparu avant même que je puisse terminer de me préparer pour la mission et est revenu avec plusieurs cadeaux pour Valentin : une casquette Air-Glaciers, une peluche Air-Glaciers, un calendrier Air-Glaciers, bref, tous les objets marketing qui font rêver les enfants. Belle présence d'esprit et quelle générosité de la part de ce pilote connu pour son caractère un peu bougon. Merci Bertrand pour ta spontanéité !

Une fois mon patient amené à destination, j'ai profité de mon costume de circonstance pour pénétrer aux soins intensifs pédiatriques ; les visites sont interdites dans ce secteur, mais il est vrai que mon habit m'a ouvert la porte de ce sanctuaire postopératoire. Lorsque j'ai aperçu mon ami Valentin, j'ai été frappé par son état de fatigue extrême, sa pâleur et son faciès éteint. Je lui ai tendu les babioles que j'avais amenées et là, sous son gros bandage, j'ai vu ses yeux s'illuminer lorsqu'il aperçut cette fameuse casquette Air-Glaciers. J'ai compris, à postériori, qu'il les collectionnait !

Vu la lourde intervention subie par Valentin, je ne me suis pas attardé. Cécile était à ses côtés, souriante et drôle même dans ce moment-là, dans ce lieu-là. Une vraie leçon de vie.

Quelques mois après sa sortie d'hôpital, j'ai organisé avec un autre pilote une petite sortie en hélicoptère pour Valentin et mon fils Mathis. On sait tous que l'univers de l'aviation fascine les enfants et on en a donc profité. Nos deux passagers, munis d'un casque d'hélicoptère avec micro, se sont tellement pris au jeu du pilote qu'ils ont réussi à simuler entre eux des appels à la tour de contrôle durant tout le voyage, ce qui a failli faire capoter l'approche, bien réelle celle-ci, du pilote sur son lieu d'atterrissage à l'aéroport de Sion. Rétrospectivement, on en a beaucoup ri ; Serge, le pilote, un peu moins…

La réalité des soins intensifs

Lors de la première opération, à la sortie du bloc opératoire, nous sommes donc installés dans l'aile réservée aux soins intensifs. Dans cette salle immense, plusieurs lits sont séparés les uns des autres par de simples rideaux. La pression médicale est constante. Valentin est sous haute surveillance. Il a survécu à l'opération, mais les premières vingt-quatre heures sont critiques. Il subit le martyre et la souffrance ne lui laisse pas une minute de répit. Pour une maman, c'est un calvaire d'être à son chevet. Dans ces moments difficiles, la vie offre des événements dont le potentiel peut tout faire basculer.

Il me revient en mémoire un exemple qui illustre parfaitement cette réalité. Je suis là depuis trois jours dans un stress constant. À côté de nous, j'entends la voix d'une jeune fille d'une quinzaine d'années qui parle à sa mère. Je comprends qu'elle a un cancer des os généralisé au stade terminal. Elle est condamnée. En surprenant inévitablement leur conversation, je ne peux m'empêcher de me mettre à la place de cette maman dont la fille va mourir. Et là, je craque. Mes larmes coulent.

Alors que je remplis moi aussi toutes les conditions pour me plaindre et tout en prenant conscience que ces pleurs me permettent de vidanger le trop plein d'émotions accumulées ces derniers jours, je me parle fermement : « Te plains pas, va. Tu as de la chance. Ça pourrait être pire. »

J'ai souvent pensé à cette maman. À cette jeune fille. Quand je rentrais le soir en voiture, complètement épuisée, je me répétais : « Te plains pas. Tu es à quinze minutes de la maison, cette maman habite à une heure trente de l'hôpital. Te plains pas. »

Cette douloureuse expérience m'a permis de comprendre une chose primordiale. Dans la vie, on a toujours le choix. On peut aborder le problème de deux façons : se plaindre ou avancer. Je n'ai jamais rien lâché, j'ai toujours choisi d'avancer. Mais je ne suis pas née comme ça ! Je me souviens que, petite, à la maternelle, je ne voulais pas passer en classe primaire. Aller chez les grands signifiait plus de travail et de contraintes. Je comprends que je ne voulais pas affronter les changements. La notion d'effort ne me convenait pas. Seul jouer me passionnait ! Les obstacles de la vie et d'autant plus la maladie de Valentin ont révélé des forces que je ne soupçonnais pas. Je ne suis plus la même.

Au fur et à mesure de ces cinq années, j'ai abandonné beaucoup de mes croyances, ces pensées auxquelles nous sommes attachées et qui nous ligotent et nous emprisonnent. J'ai gagné une nouvelle forme de liberté.

Les accrocs et les difficultés de la vie peuvent créer un cadre rigide, limitatif qui nous conduit inévitablement à la souffrance et à l'échec. Seul un état d'esprit différent peut faire exploser ce cadre. Encore faut-il avoir l'audace d'oser penser autrement Oui, cela demande des efforts et une sacrée dose de courage. Mais le jeu en vaut la chandelle.

Nicolas, le papa de Valentin

Retour chaotique à la maison

La tumeur prenait tout l'espace où était située l'hypophyse et elle l'écrasait totalement. Comme l'hypophyse est le « chef d'orchestre » de toutes les hormones du corps, celles-ci ne sont plus produites et seul un traitement médicamenteux permet de rétablir un équilibre précaire, car artificiel. Le corps humain est une machine tellement extraordinaire qu'il est impossible de l'imiter ou de le remplacer chimiquement. Du coup, on doit varier les dosages en fonction de l'état de Valentin, de ses symptômes et du déroulement de ses journées. N'importe quel stress physique et psychologique survenant dans le quotidien entraîne une réponse hormonale qui permet au corps de se défendre. Si on a des hormones… ce qui n'est plus le cas de Valentin. Et si nous n'agissons pas rapidement avec l'intervention de médicaments, il peut risquer un coma, voire la mort.

Toutes ces variations hormonales ont une influence sur le psychisme de Valentin dont l'humeur joue aux montagnes russes et rend le retour à la maison difficile. Il est tout simplement devenu une autre personne et se rapproche plus du « Dr Jekyll et M. Hyde » que du joyeux garçon que nous connaissions avant l'opération. Il peut passer d'un état totalement amorphe, étendu sur le sol sans pouvoir bouger, à un état de surexcitation extrême, courant sans arrêt autour de notre pâté de maisons. Sans préavis, il se met dans un état de colère noire, voire de haine, et est à deux doigts de tuer ses sœurs en essayant de les pousser dans les escaliers ou en leur jetant des couteaux à la figure. Et puis soudain, il tombe dans une profonde tristesse, comme s'il s'éveillait d'un cauchemar et réalisait la violence de ses actes, impuissant à empêcher ce « quelque chose » de prendre possession de lui.

Avant de découvrir la tumeur de manière fortuite, Valentin allait bien. Il ne souffrait d'aucun signe de mal-être ni physique ni émotionnel. Il était juste petit. Mais tellement vivant ! Le roi de la piste, du hip-hop et des figures acrobatiques. Lui, si athlétique, faisait très attention à son image. À son retour de l'hôpital, on récupère une sorte de marshmallow hystérique qui a pris beaucoup de poids.

Après avoir surmonté les épreuves de l'opération et de l'hospitalisation, nous voilà confrontés à une nouvelle et rude réalité.

Laurie, 17 ans, la sœur aînée de Valentin
Ludivine, 11 ans, la petite sœur de Valentin

Nous, les sœurs

Laurie

Même si je suis l'aînée de la fratrie, je n'avais que douze ans à l'annonce de la tumeur de Valentin et j'en ai terriblement souffert parce que j'en avais compris l'enjeu et les risques. J'avais peur pour mon frère et je voyais que cette maladie accaparait toute l'attention de mes parents. J'ai trouvé ma manière à moi de les aider : ne pas leur donner de soucis supplémentaires. Au fil des opérations, je ne disais rien de mes problèmes et j'ai fatalement sombré dans la tristesse. Au début, je croyais que la première opération permettrait enfin à Valentin de grandir et j'en riais même avec les copains. Pendant les jours d'hospitalisation, maman m'avais permis de choisir « mon foyer d'accueil ». J'ai toujours eu la chance de compter sur de bons amis et ma famille proche qui étaient tous prêts à m'héberger chaleureusement. J'ai aussi été très touchée par l'élan de cœur de ma classe et de celle de Valentin. Je me souviens de la minute de silence observée par toute l'école à la première opération et des paniers décorés où chacun déposait un petit cadeau pour Valentin (dessins, bonbons, crayons, jouets) que je lui apportais à l'hôpital.

Malgré l'amour de ma famille et le soutien de mes amis proches ou lointains, la lourdeur de ces cinq difficiles années m'était devenue insupportable. Le plus dur était la succession de mauvaises nouvelles qui semblaient ne jamais s'arrêter. Je ne trouvais pas de sortie à cette infernale spirale, sauf celle de m'éloigner, de m'isoler petit à petit des autres. Pour me protéger, j'étais tellement repliée sur moi-même, presque inatteignable, qu'à l'annonce de la bonne nouvelle de la diminution de la tumeur de mon frère, apprise le jour de la Saint- Valentin, je n'ai pas réalisé son importance. J'étais contente, bien sûr, mais c'est seulement au bout de trois semaines que j'ai pu réagir, comme si cette information pénétrait enfin dans mon cerveau. Un beau matin, dans la cour de récréation, je me suis mise à sauter partout et à crier : « Mais Valentin est en train de guérir, en fait ! » Mes amis ont trouvé l'annonce formidable et croyaient que je venais de l'apprendre. Leur tête quand je leur ai dit que je le savais depuis trois semaines, mais que je venais de comprendre ! Je pense que j'ai réagi comme quelqu'un qui ne croit plus à une bonne nouvelle attendue depuis trop longtemps, une éternité pour moi.

Maintenant, je peux enfin prendre du recul sur cette épreuve qui nous a permis à tous, adultes et enfants, de mûrir, chacun à sa manière. Je sais aussi que c'est grâce à l'entraide que nous avons pu tenir le coup, qu'elle se soit développée au sein de la famille ou à l'extérieur. Oui, j'ai compris qu'avec l'entraide, rien n'était impossible.

Si nous choisissons le chemin du bonheur, en fait le plus difficile à choisir, nous sortons vainqueurs des difficultés avec une fierté immense. Pour cela, il faut vouloir aller de l'avant. Aujourd'hui, je suis là, plus forte que jamais.

Ludivine

J'avais sept ans à l'époque, mais je n'ai pas oublié la joie de boire du coca interdit pour cette fête en famille où j'ai bien cru que c'était l'anniversaire de Valentin ! Je n'ai pas oublié non plus cette sorte de gros nuage noir qui planait au-dessus de ma tête quand mes parents préparaient la valise de mon frère pour la première opération. Mon cœur était lourd et c'est comme si j'avais du mal à respirer. J'avais tellement peur pour Valentin que je ne le quittais pas d'une semelle. Je restais collée à lui, je le suivais partout, jusque dans la salle de bains où il prenait sa douche. Pour moi, c'était vital de profiter de chacun de ces moments avec lui…, peut-être les derniers. Même à sept ans, je comprenais qu'on ne savait pas s'il reviendrait de l'hôpital et je ressens encore cette angoisse qui traversait tout mon corps.

Son retour du CHUV a été très difficile à vivre. D'abord, mes parents s'occupaient tout le temps de lui et j'étais jalouse, tout en m'en voulant de l'être. J'avais tellement peur pour lui que ça m'a rendue malade et j'ai eu une vilaine toux qui a duré plusieurs mois. Ensuite, l'attitude de Valentin envers moi m'a complètement déstabilisée. Mon frère, je l'aime plus que tout ! Je ne comprenais pas qu'il me traite comme sa pire ennemie alors que nous étions les meilleurs amis du monde. Je n'avais pas changé, mais sa première opération avait transformé totalement notre relation en un cauchemar. Il m'interdisait d'entrer dans sa chambre et ne voulait plus jouer avec moi. Il me hurlait dessus pour un oui ou un non et il me poussait dans les escaliers dès que l'occasion se présentait. Ça me brisait le cœur et mes parents ne lui disaient pas grand-chose, car tout ce comportement était la conséquence de l'opération.

Avec le recul, j'ai pu mieux comprendre. Pour son quatorzième anniversaire, j'ai écrit à mon frère que « j'en avais marre de cette foutue tumeur qui nous séparait sans cesse. » Je ne lui en ai jamais voulu et le profond amour que je lui porte m'a permis de passer cette difficile épreuve. Aujourd'hui, notre relation est encore plus forte. Ah oui, vraiment, l'amour est plus fort que cette fichue tumeur !

Moi-même, j'ai aussi reçu beaucoup d'amour de la part de ma famille, de mes grands-mamans, de ma tata et mon tonton, de Jo, d'Irèn et de ma marraine. Ils m'ont soutenue, rassurée et changé les idées. Cela m'a donné du courage et de la force.

J'ai découvert que j'avais ces qualités en moi, sans le savoir. J'ai survécu à quatre opérations ! J'ai aussi appris une chose très importante : si Valentin avait dû mourir, il n'aurait jamais vraiment disparu, il serait resté pour toujours dans mon cœur.

Le mot de Nicolas

C'est vrai que Laurie et Ludivine se sont senties exclues, surtout les premiers jours après la première l'opération. Entre les nombreuses perfusions, les bandages, les restes rougeâtres de désinfectant et les différents capteurs pour vérifier ses paramètres vitaux, Valentin était même impressionnant pour nous. Nous ne voulions pas leur infliger ce spectacle. C'est pour cela que nous avions retardé le plus possible leur venue à l'hôpital.

Quand, finalement, elles ont pu le voir, il y avait beaucoup d'émotion dans leur regard, mais aussi un peu de gêne et de retenue. Elles ne savaient trop comment elles devaient et pouvaient se comporter avec lui. Ce mélange d'attitudes a rendu l'instant des retrouvailles étrange et magique en même temps, même si elles l'ont trouvé « en mauvais état ». Les enfants ont un langage tellement simple et imagé.

Le mot de Cécile

Depuis le début de cette histoire, en tant que maman, je n'ai pas pu m'occuper de mes filles comme je l'aurais souhaité. J'ai fait de mon mieux et ce n'était pas forcément le mieux pour elles, surtout à l'âge où l'on a tant besoin de l'affection, de l'attention, du réconfort et du soutien de ses parents. Elles en ont subi les conséquences. Combien de fois sont-elles venues vers moi pour que je les aide dans leurs devoirs ? Je n'avais plus d'énergie à leur consacrer et elles se sont débrouillées seules. Ce constat, j'ai bien dû le faire.

J'ai d'autant plus d'admiration, aujourd'hui, pour la façon dont elles ont traversé ces douloureuses et longues années d'épreuve. Elles ont découvert leurs propres forces et appris à s'en servir. Je suis fière de ce qu'elles sont devenues : des filles courageuses aux grandes qualités de cœur, qui ont gagné en confiance, en force et en maturité.

Cécile, la maman de Valentin

Le pire

Valentin avait une perception très fine de ce qu'il vivait et était capable de bien le décrire. Quelques exemples parmi tant d'autres : lors d'une des premières consultations, alors qu'il vivait ce déséquilibre hormonal important, il a déclaré au médecin : « Je suis comme un pantin, une marionnette à qui on tire les ficelles. Ce n'est pas moi qui dirige. » Ou encore : « J'ai l'impression que ma tête est une boîte à chaussures remplie d'eau avec de gros cailloux à l'intérieur. Quand je me penche en avant, je ne peux pas remettre ma tête droite, elle est trop lourde. » Ou pour conclure avec justesse : « Je suis au milieu d'un labyrinthe et personne ne sait où est la sortie. » Avec ces images d'enfant, Valentin décrivait très justement les effets secondaires des médicaments mal dosés et la situation inextricable dans laquelle il se trouvait.

Mais le pire, ce ne sont pas les semaines affreuses de convalescence où Valentin ne supporte aucun stimuli, ni ses humeurs en dents de scie, ni les contraintes de la prise régulière de médicaments, ni les visites médicales, ni les examens en tous genres, ni les impacts violents de ces changements sur toute la famille. Tout cela, je l'avais accepté.

Non. Le pire, c'est qu'après trois mois d'enfer, les résultats de l'IRM sont sans appel : la tumeur a repoussé. C'est un choc effroyable. L'opération et toutes les souffrances subies n'ont servi à rien.

Les médecins veulent réopérer Valentin en urgence.

Selon mon simple bon sens, pour se remettre des conséquences de cette première opération, le corps a besoin d'un repos de six à douze mois. En vivant vingt-quatre heures sur vingt-quatre avec Valentin, j'avais une position privilégiée pour poser ce constat : il ne supportera pas, physiquement et mentalement, une deuxième opération dans un délai si proche.

Là a commencé un dialogue de sourds.

Nous avons dû nous adapter à une situation très complexe : ne pas partager le point de vue du corps médical et ne pas nous le mettre à dos sachant que vous avions besoin d'eux, et peut-être pour longtemps.

Les médecins n'ont pas l'habitude d'être confrontés à l'opposition. La plupart des parents acquiescent sans broncher aux propositions qui leur sont faites. Alors, l'inévitable est arrivé. Dans le dossier médical de Valentin, nous avons été étiquetés de « famille non conciliante ».

Peu m'importait ce jugement des médecins tout-puissants. Mais il me restera au travers de la gorge le manque d'écoute, d'humanité et de compassion de certains médecins. Jamais l'un d'entre eux ne m'a demandé comment j'allais ou comment je tenais le coup. Jamais. Est-ce possible ?

Les consultations n'ont fait que s'enchaîner et, avec mon mari, nous avons décidé que je me rendrais seule aux différents et nombreux rendez-vous afin qu'il puisse travailler en paix pour nourrir la famille.

Je n'ai jamais eu peur de faire face à une dizaine de médecins réunis autour d'une table pour me convaincre de l'urgence de la situation. Ils ne s'appuyaient que sur le côté immédiat du traitement et moi, je mettais tout en œuvre pour laisser le temps à Valentin de récupérer et retarder l'échéance de la deuxième opération.

Nous avons alors tenté de proposer un compromis qui correspondait à l'état physique et psychique de Valentin, celui de partir dans notre maison de vacances sur l'île d'Elbe pour nous requinquer en famille et reprendre des forces avant d'affronter l'intervention dès notre retour. La réponse du corps médical a été sans appel. Nous avons reçu un compte-rendu de consultation stipulant que « les parents préféraient partir en vacances plutôt que d'opérer en urgence leur fils ».

Le mot de Virginie

Malgré l'étiquette de « famille non conciliante » inscrite par le corps médical dans le dossier de Valentin, je n'ai jamais entendu Cécile poser une étiquette sur ce même corps médical. Quelle leçon de vie dans cette situation kafkaïenne ! Cécile a toujours constaté sans juger et son discours est éloquent : « Chacun pense faire le bien, moi y compris. Je ne peux pas leur en vouloir. Nous sommes sur des rails parallèles qui ne se rejoignent jamais. »

En tant qu'infirmière, je me suis toujours battue contre ces étiquettes que nous, soignants, nous scotchons si facilement sur la tête du patient ou de ses proches. Est-ce vraiment là notre rôle ?

Laurie, 17 ans, sœur de Valentin

Mon frère, ce *one man show*

Pendant ces quatre années rythmées par les hospitalisations et les convalescences à la maison, il y a aussi eu de nombreux moments de joie. Je dois vous dire que mon frère est incroyable. Il a un pouvoir d'autodérision déconcertant. Il transforme tous ses malheurs en trucs drôles, tellement drôles ! Je me souviens spécialement d'une soirée devant la télévision avec un Valentin un peu *shooté* à cause des médicaments. Il exagérait tellement sa situation qu'on oubliait le film pour mourir de rire devant ses *sketches* improvisés. Il accentuait aussi sa démarche déjà très vacillante, simplement pour entendre nos éclats de rire. Quel *clown* !

Un autre spectacle tout aussi hallucinant où mon arrière-grand-mère, Chouquette, tient le rôle principal. Elle avait quatre-vingt-neuf ans et quand elle venait garder Valentin, c'est simple, elle faisait tout ce qu'il lui demandait. Un jour, je suis rentrée à l'improviste et quelle ne fut pas ma surprise de découvrir Chouquette en train de jouer au *foot* dans le salon ! Pour vous planter le décor, la bibliothèque faisait office de cage de buts. Valentin devait être dans une période d'excitation extrême et elle suivait le mouvement en se donnant à fond ! J'ai trouvé ça hyper *choupi*. Une autre fois, Valentin lui a demandé si elle acceptait de danser avec lui. Ils sont descendus dans la salle de jeux et ont mis la musique à fond et voilà notre arrière-grand-mère en train de se déchaîner comme dans une *rave party* ! C'était une situation tellement décalée qu'on lui a même demandé si elle était dans son état normal !

Léane, 14 ans, fille de Virginie et Frank

Réactions en cascade

J'avais neuf ans quand j'ai appris que Valentin était malade. J'étais un peu jeune et je ne comprenais pas ce qui se passait. Maman avait acheté une peluche que je pensais être pour moi, mais en fait, elle était pour Valentin. Elle ne m'avait rien dit au sujet de la gravité de l'opération pour ne pas m'inquiéter, car une grande amitié unit nos deux familles.

Je venais de quitter Valentin en pleine forme avec la seule chose que j'avais constatée : il était plus petit que moi. Alors, quel choc quand j'ai appris. Mais j'ai pensé que son opération allait régler tous les problèmes et j'étais loin d'imaginer le calvaire qu'il allait traverser. Je ne me rendais compte qu'il était malade que lorsqu'il n'en pouvait plus de jouer avec nous ou quand il avait très mal à la tête. Je pensais qu'il était très courageux de ne jamais se plaindre et de ne pas pleurer sur son sort en essayant de vivre quasi normalement. Ces qualités se retrouvaient dans sa famille. Je me demande comment je réagirais si mon frère tombait gravement malade. Je suis sûre que je ne réagirai pas aussi bien que sa famille.

Je donne très souvent l'exemple de Valentin à mes amis lorsqu'il nous arrive de nous plaindre pour un rien. On n'en a pas le droit quand on voit ce que certains peuvent vivre. Si j'ai un regret, c'est celui de n'avoir pas été assez présente auprès de Valentin, car je ne mesurais pas, à cette époque, le drame qu'il traversait. Et je m'en excuse.

Je peux, comme tout le monde, tirer des enseignements positifs de toute cette expérience. D'abord, savoir profiter de chaque instant, car personne ne peut dire ce qui l'attend demain. On doit aussi reconnaître sa chance et remercier. Au milieu du malheur, j'ai remarqué que des liens très forts peuvent se créer et qu'il est donné à tous la possibilité d'aider autour de soi.

J'ai une dernière chose à dire, que l'on soit malade ou pas : tous les obstacles qui surgissent sur notre chemin peuvent être surmontés avec l'aide des autres et du temps. C'est la leçon que j'ai apprise avec Valentin. Voyez-le ! Il est en train de guérir ! Il prouve que rien n'est impossible dans la vie.

J'espère sincèrement que ce livre permettra au plus grand nombre d'en prendre conscience.

Insurrection...

Après moult péripéties au CHUV, le respect et la confiance n'étant plus au rendez-vous, nous ne pouvions que difficilement rester dans cet hôpital, même si c'était une évidence que Valentin devait subir cette deuxième opération.

En n'acceptant pas de nous soumettre aux directives médicales, nous nous retrouvions seuls dans la nature avec un enfant dont le traitement était lourd et complexe. Je me sentais très démunie, mais plutôt qu'une opération dans l'urgence, j'étais toujours décidée à donner la priorité à la reconstruction des forces de Valentin et à un meilleur équilibre hormonal avant l'affrontement de cette deuxième intervention. J'étais seulement une mère qui écoutait son fils et désirait le meilleur pour lui.

Mais avais-je raison ? Ce fut le temps terrible de l'incertitude, car, autour de moi, on me pressait de choisir l'opération. Même Nicolas hésitait. Mon intuition refusait, mais avais-je raison ?

Je me suis mise en quête d'un médecin qui saurait comprendre Valentin et notre situation. Après plusieurs tentatives infructueuses, j'ai découvert un médecin généraliste dont la rencontre a été une délivrance. Une oasis au milieu du désert. Ce médecin était différent. Merci à la Vie de l'avoir mis sur notre chemin ! Dès la première consultation, Valentin l'a bien ressenti : « Maman, il nous écoute, on est sauvés ! »

Il a pris en compte la globalité de notre situation, tout en y apportant réconfort, chaleur humaine et bienveillance. Il a fait preuve de sagesse dans la prise en charge du traitement médicamenteux : « Le cas est complexe. Je n'en sais pas plus que vous finalement, mais nous allons essayer en tenant compte des réactions de Valentin et nous adapterons le traitement en conséquence. Cet enfant a beaucoup de perspicacité dans sa manière de décrire ce qu'il vit et il suffit de l'écouter. »

Nous avions trouvé un médecin compréhensif pour les maux du quotidien. Mais nous n'éviterions pas l'opération. Sur l'IRM de contrôle qu'il a demandée, la tumeur avait regrossi.

… et rébellion

De nouveau, l'entraide a été une bénédiction dans cette galère. Frank s'est démené pour trouver une nouvelle équipe chirurgicale à Genève grâce à son réseau. Aux HUG (Hôpitaux universitaires Genevois), à soixante kilomètres de Lausanne, le contraste des mentalités nous a heureusement surpris.

C'est ça, la Suisse, un tout petit pays avec tant de contrastes dans la façon de penser.

La deuxième opération a donc eu lieu dans un tout autre contexte, en janvier 2015, dans un nouvel environnement plus clément où les détails concernant la prise en charge font la différence.

Un exemple très simple, constaté lors des changements d'équipes d'infirmiers aux soins intensifs. À Lausanne, au moment de la rotation du personnel qui avait lieu trois fois par jour, les parents devaient quitter la chambre durant environ une heure. À Genève, au contraire, la présence des parents était requise au moment de la transmission des informations et était même indispensable pour une meilleure compréhension de l'enfant. Aux HUG, il m'est souvent arrivé d'entendre une infirmière me demander : « Je n'ai rien oublié, Madame ? » Mon avis, ma présence étaient pris en compte. Nous passions de « pièces indésirables » à « pièces maîtresses » du système médical. Voilà une situation qui a tout changé pour Valentin et pour nous.

Par contre, en pédiatrie, il m'a fallu apprendre à gérer les intervenants autres que le corps médical. Le souci de soutenir les parents et l'enfant par des apports extérieurs fait quelquefois oublier le bon sens devant certaines situations délicates. À trop bien faire, on détourne la vraie signification de l'entraide.

Un exemple. Voilà quatre jours que Valentin a été opéré et nous nous trouvons aux soins continus, un service intermédiaire entre les soins intensifs et l'étage. Une dame s'approche du lit et se présente à mon fils : « Bonjour Valentin, je viens pour les cours. » Très étonnée, je lui demande quel genre de cours elle pense donner à Valentin. « Des cours de maths et de français pour qu'il ne perde pas ses acquis. Mais ne vous inquiétez pas, on va faire ça de manière très ludique. » Là, j'ai bien failli tomber de ma chaise. Je vivais l'absurde. En regardant Valentin qui se remettait tout doucement de la craniotomie d'une oreille à l'autre, en voyant son visage tout gonflé, ses yeux bouffis traversés par un regard ahuri et *shooté* aux médicaments, sa difficulté à s'exprimer, sa souffrance constante malgré toutes les perfusions et son énorme bandage sur la tête, je me suis questionnée comment on pouvait décemment demander à mon fils de suivre un cours, même ludique !

Poliment, j'ai refusé l'offre de cette dame qui, malgré tout, a lourdement insisté, croyant bien faire. Je n'ai pas eu d'autre choix que de m'énerver et de la renvoyer, en précisant que je ne voulais plus la revoir de tout notre séjour à l'hôpital ! Dans la chambre, une employée préposée à l'entretien avait assisté à toute la scène. Elle m'a lancé avec un grand sourire : « Vous êtes incroyable, Madame, et vous l'aidez vraiment, votre fils ! »

Un autre jour a vu venir la joyeuse troupe des *clowns* qui font rire et apportent un peu de légèreté aux enfants. Je me suis sentie obligée de les recevoir dans la chambre. Mais parfois, malheureusement, les rois de la blague tombent mal. Très mal même. Le *clown* qui rendait visite à Valentin ne s'en est pas aperçu. Valentin, toujours tourné vers les autres, n'a pas voulu le blesser en lui demandant de repartir. Il s'est forcé à sourire, à regarder, à rigoler et il en a payé le prix fort. Cette surstimulation a laissé bientôt place à une extrême fatigue dont il a mis plusieurs jours à se remettre. Du coup, depuis, et même si ce n'était pas politiquement correct, j'ai fait barrage aux *clowns* !

De ces expériences, de cet entraînement forcé, j'en tirerai des leçons et des astuces qui me serviront pour les opérations suivantes. Car, oui, nous revivrons tout cela encore deux fois !

L'hôpital, c'est la jungle.

La routine hospitalière ne s'adapte pas à la nécessité d'un repos réparateur pour le malade. Les va-et-vient sont incessants, vingt-quatre heures sur vingt-quatre.

Je me suis vite rendu compte que moins Valentin dormait, plus ses symptômes s'amplifiaient, plus il avait besoin de médicaments, plus il en subissait les effets secondaires. Un cercle vicieux infernal dont la seule porte de sortie était le repos. Je me suis alors faite la gardienne du sommeil de ses jours. Je me suis battue sans relâche contre toute personne qui venait briser son repos.

Scènes I, II, III, IV et V.

— Bonjour, on vient changer les draps.

— Heu..., il vient enfin de s'endormir, on va le laisser se reposer. On s'en fout des draps.

— Bonjour, c'est l'heure de la toilette.

— Il se passera d'eau et de savon, laissez-le dormir et se remettre.

— Toc, toc, toc, je cherche ma collègue, elle doit être par là.

— Pas besoin d'entrer, elle n'est pas dans la chambre.

— Bonjour, il me manque un plateau-repas, il est ici ?

— Chut ! Il dort, je mettrai le plateau devant la porte.

— Bonjour, on vient pour le ménage.

— Non merci, la poussière ne dérange pas Valentin, votre présence oui.

Autant j'étais novice durant le premier séjour de Valentin à l'hôpital, autant j'étais armée jusqu'aux dents pour les suivants. D'opération en opération, j'avais amélioré le mien, de mode opératoire !

Les incursions donc se succédaient. Des assistants de spécialités différentes pouvaient passer séparément, à trente minutes d'intervalle, et poser les mêmes questions. Les examens paramédicaux semblaient primer sur l'état général de l'enfant.

Je passais des heures à faire des chatouillis sur les bras de Valentin pour le calmer et ce n'était sûrement pas pour qu'on vienne me l'agiter pour un oui ou pour un non.

Si j'étais aguerrie à la seconde opération, à la quatrième, j'étais devenue un *bulldog* installé sur une chaise devant la porte de sa chambre ! J'exagère un peu en disant que je ne laissais même pas entrer les médecins !

— Ah non, désolée on n'entre pas. C'est pour quoi ? Pour ses yeux ? Ils vont très bien, ses yeux.

Les médecins étaient sidérés :

— Et pourquoi on n'entrerait pas ?

— Il dort depuis cinq minutes et un médecin est passé voilà quinze minutes. Qu'est-ce que vous voulez savoir ?

Je me faisais l'intermédiaire, quand les circonstances me le permettaient, entre Valentin et le corps médical et leur donnais le maximum d'informations sur son état, sans qu'ils aient besoin de le secouer pour l'examiner.

Je n'avais peur de plus rien. Au lendemain de la quatrième opération était prévue une IRM de contrôle. Ce n'était pas l'examen qui me dérangeait, mais son processus de fonctionnement. La machine se trouvait loin des soins intensifs. Le roulement et le déplacement du lit sur la table de l'IRM faisaient hurler Valentin de douleur. Il fallait ensuite tenir quarante-cinq minutes dans l'appareil sans bouger, en supportant les vibrations et le bruit infernal. Alors, refaire cette expérience au lendemain d'une intervention lourde au niveau du cerveau, il n'en était pas question. J'ai négocié ferme et obtenu trois jours de sursis.

La récompense de tous ces combats acharnés furent les mots de mon fils sortis tout droit de son cœur : « Maman, tu es mon meilleur médicament. »

Virginie, la meilleure amie de Cécile

Tchin-tchin !

En tant que meilleure amie de Cécile, et toujours dans l'état d'esprit de joie qu'elle m'avait inspiré, je n'ai jamais raté une occasion de créer des moments de détente pour la sortir de son quotidien. C'était ma manière de l'aider.

De ce fait, nous sommes souvent parties en vacances ensemble, avec les cinq enfants, quand nos maris travaillaient. Nous avons vécu des moments inoubliables de fous rires qui nous nourrissent encore. Une grande complicité nous lie et nous cultivons un profond respect l'une pour l'autre. Mais, surtout, nous partageons le même sens de l'humour.

Un de nos souvenirs les plus drôles concerne nos vacances à l'île d'Elbe, en automne 2016, où la famille Belleux entretient, de génération en génération, ses petites habitudes dans la maison familiale et les restaurants avoisinants. Un beau jour, donc, ayant passé la matinée sur la plage déserte à cette époque de l'année, nous nous sommes rendues à la pizzeria habituelle, *L'Orizzonte*, pour nourrir notre marmaille. Cécile et les enfants se sont installés en terrasse pendant que j'allais à l'intérieur pour passer aux toilettes. À mon retour, une bouteille de *prosecco* trônait sur la table. À mon grand étonnement, du reste, car Cécile boit très peu et moi jamais à midi. Mais foin d'interrogations, on a joyeusement trinqué à nos vacances ! Après avoir vidé la bouteille, j'ai demandé à Cécile quelle idée lui avait traversé l'esprit de commander ce joli pétillant. Sa réponse a déclenché nos rires, car elle allait justement me poser la même question ! Nous avons été les heureuses victimes des habitudes de la famille Belleux que le restaurateur avait bien retenues en mettant d'office le vin sur la table. Vin offert avec le sourire du patron en compensation de son erreur. En repartant, nous étions tellement guillerettes que nous avons proposé aux enfants de « couper » à travers la mer pour rejoindre la maison. Un raccourci improbable qui a fait rire la tribu. Nous ne marchions pas bien droit et nos chères têtes blondes nous ont décrétées « insortables » et aussi « délurées » que des ados.

Le mot de Mathis, neuf ans, fils de Virginie et Frank

Vraiment, moi j'étais trop petit, j'avais quatre ans à l'annonce de la maladie de Valentin et je ne me souviens plus des réactions de mon entourage. C'est plus tard, à l'âge de sept ans, quand je suis parti à l'île d'Elbe, que j'ai compris, en vivant au quotidien avec lui, que ce qui lui arrivait était grave. Ce n'était pas toujours facile pour lui, mais ce n'était pas toujours facile pour nous non plus de le voir souffrir. Une fois, sur la plage, alors qu'il était très fatigué, il m'a pourtant construit pendant des heures un immense circuit dans le sable avec un magnifique pont pour que je puisse faire rouler mes voitures ! Il ne refusait jamais de jouer avec moi. C'est un exemple pour montrer qu'il pensait toujours aux autres. Je voyais bien que, soudain, il était fatigué et avait moins de force et là, je comprenais que, pendant ces vacances, chacun essayait de lui offrir de beaux moments pour qu'il oublie un peu sa maladie. Aujourd'hui, de le voir joyeux malgré tout, ça me remplit le cœur de joie et d'amour. Mais quand je le vois souffrir de ses maux de tête, c'est aussi au cœur que j'ai mal.

Nicolas, le papa de Valentin

L'épée de Damoclès

Après la troisième opération, en octobre 2016, et après un nouveau contrôle radiologique, la tumeur avait encore regrossi et d'une manière beaucoup plus anarchique, ce qui compliquait la prise en charge et augmentait sa gravité en raison des répercussions qu'elle engendrait sur les tissus avoisinants.

Les médecins ont proposé alors une quatrième opération, la quatrième en quatre ans ! Il fallait des mois à Valentin pour retrouver un équilibre et reprendre une vie plus ou moins normale. C'est pour cela que, depuis le début de sa maladie, il n'a pas pu suivre un cursus scolaire : avant même qu'il soit stabilisé, une nouvelle opération se profilait à l'horizon. La perspective de cette quatrième intervention ne m'enchantait pas. Valentin se remettait gentiment, il suivait enfin quelques heures d'école par semaine et renouait avec ses amis.

Mais c'était compter sans l'équipe médicale qui ne nous lâchait pas, qui nous mettait en garde contre les horreurs qui menaçaient Valentin sans prendre en compte son état et les risques des traitements qu'elle proposait. D'où nos doutes et nos réticences.

Et soudain, un tremblement de terre apporté par un courrier recommandé. L'équipe médicale nous exhortait à accepter non seulement une nouvelle opération, mais également une radiothérapie. Sans nouvelles de notre part dans les quinze jours qui suivaient, elle contacterait les services de la Protection des Mineurs qui prendraient en main la situation et décideraient à notre place. Et cela pouvait aller jusqu'au placement de Valentin !

Je me suis mis dans une colère noire. L'équipe médicale était au courant de notre conflit avec le CHUV, du combat que nous menions pour sauver Valentin, de notre implication et pourtant, elle agitait la menace de la Protection des Mineurs.

Heureusement que nous étions deux pour affronter cette situation. La maladie, qui fait souvent exploser les couples, a renforcé la relation et la complicité entre Cécile et moi. Nous étions très proches l'un de l'autre et plus forts ensemble. Il nous semblait, cette fois, que ce serait plus adéquat que j'appelle le neurochirurgien en tant que confrère. J'ai saisi mon téléphone et lui ai déversé ce que j'avais sur le cœur : ma colère, ma stupéfaction, l'impression d'être trahi et le doute de pouvoir continuer à collaborer dans ce contexte. Cela n'a pas servi à grand-chose et la menace restait d'actualité.

Cette histoire m'a profondément heurté. Le corps médical se transformait à nouveau en ennemi et j'étais confronté à sa toute-puissance qui sait mieux que le patient (et sa famille) ce qui est bon pour lui.

En tant que psychiatre, j'ai travaillé des années dans le domaine de la maltraitance intrafamiliale et collaboré quotidiennement avec les hôpitaux, les services de la Protection de la Jeunesse, les foyers, la justice pour protéger des enfants battus, torturés psychologiquement et j'en passe. Me retrouver dans la situation où on me colle l'étiquette de « parent maltraitant envers son enfant et qu'on va remplacer » est une sacrée déconvenue ! Nous, des parents maltraitants ? Nous nous battions depuis quatre ans, mon épouse s'était transformée en garde-malade pour être auprès de Valentin sept jours sur sept, nous gérions, dans ces conditions difficiles, une famille du mieux que l'on pouvait, nos deux filles prenaient beaucoup sur elles, mais elles avaient aussi besoin de nous et on nous voyait comme des parents maltraitants ?

Ce fut une blessure gigantesque. On croyait rêver et cela faisait peur…

Notre erreur a été de ne pas suivre aveuglément ce que les médecins préconisaient, d'avoir préféré être à l'écoute des besoins de notre fils, d'avoir cherché ailleurs des réponses et des solutions plus convaincantes que celles qu'on nous proposait.

Quel triste constat que d'assister à la volonté des médecins de mettre en application la rigidité du fameux protocole, le même pour tous. Et qu'importent les différences ou les désirs du patient, le protocole prime, rassure et protège…

Les joyeuses coïncidences

À la réception de la lettre recommandée, j'ai été profondément ébranlée. « Cette fois, c'est fichu, je suis coincée. Quelqu'un d'autre peut décider du sort de mon fils et même me le retirer. La justice, dans ce cas, c'est l'injustice. Je ne peux rien faire, je ne vois aucune solution. »

Le *puzzle* de la vie nous apporte, comme par magie, une pièce inattendue par un biais insoupçonné. Une patiente de mon mari connaissait personnellement un neurochirurgien israélien, un ponte mondial dans sa catégorie. Elle lui a conseillé de le contacter puisque, par chance, il se rendrait à Zurich dans un mois. Nous avons donc pris rendez-vous par son intermédiaire. Une semaine avant de le rencontrer, nous avions reçu la fameuse lettre recommandée.

Mon mari, en appelant le neurochirurgien genevois pour des explications, l'a averti de notre rendez-vous avec ce professeur. Il était donc inapproprié de dire que nous ne faisions rien pour notre fils. À son grand étonnement, le médecin lui a annoncé qu'il devait justement se rendre en Israël pour suivre une formation de trois mois chez ce même professeur ! Le fait d'avoir pris ce rendez-vous a stoppé la procédure concernant la Protection des Mineurs. Quelle chance, quelle joie !

Comment ne pas voir dans cette coïncidence une intervention providentielle ? Et il y en a eu beaucoup. Comme si la Vie créait le terrain adéquat, propice à supporter les douloureux obstacles à venir. Avant le début de la maladie de Valentin, je m'en aperçois avec le recul, mon potentiel de joie intérieure avait considérablement augmenté pour affronter l'événement difficile qui allait suivre. Sinon, comment aurais-je pu sabler le champagne ? Cela m'émerveille, rien que d'y penser. Un mois avant l'annonce de la tumeur, chaque week-end a été une fête célébrant un mariage d'amis, des anniversaires ou des sorties entre copines et j'ai fait là mes réserves d'amitié et de bonne humeur.

Ce genre de synchronisations ont ensuite accompagné les périodes précédant chaque opération. Elles m'ont beaucoup marquée. Par exemple, à deux reprises, les dates d'opérations tombaient après une période de vacances scolaires qui nous avaient permis de partir à l'étranger, au soleil, au bord de la mer, pour recharger nos batteries et vivre une vie d'amusement en famille. Les liens entre nous se resserraient et notre esprit se focalisait sur des activités ludiques qui sortaient de l'ordinaire. Toujours d'une manière inopinée, la date d'une des opérations s'est calée juste après le mariage de ma belle-sœur. Quoi de mieux qu'une telle célébration pour *rebooster* le moral des troupes ? Valentin adore danser. Il en a profité pour surprendre sa tata chérie en présentant, avec le marié, une chorégraphie digne de professionnels. Valentin, le roi des platines, a eu l'occasion de « mixer » une partie de la soirée pour nous permettre de nous éclater. Quel bonheur de nous sentir tous heureux, tous ensemble. Le mariage de Cendrine et Florian aura été un très beau cadeau de la Vie.

Le chemin

On m'a souvent demandé comment je faisais face à la maladie de Valentin. Je ne me suis jamais posé la question sur l'instant, mais en y réfléchissant je peux dire : en prenant simplement les choses au fur et à mesure qu'elles se présentaient.

Je peux aussi dire aujourd'hui que lorsque j'ai prononcé cette fameuse phrase du plus profond de mon cœur : « Que Ta volonté soit faite », ma vie a changé. J'ai refusé de mettre une étiquette « bien » ou « mal » sur la tumeur et cela s'est répercuté dans tous les domaines de ma vie en me permettant le recul nécessaire devant les problèmes. J'ai ainsi évité d'être écrasée par les émotions négatives qui en découlaient et j'ai appris à relativiser. Depuis là, j'ai pu agir avec bon sens en conservant la volonté de m'en sortir. Ce serait prétentieux de dire que le chemin était facile, mais cela s'est fait pas après pas.

Ne voulant surtout pas souffrir, j'ai dû penser et agir différemment. À chaque événement qui me mettait face à une de mes limitations, je devais l'identifier et choisir ce que j'allais en faire : subir ou changer ? Subir ne me demandait aucun effort. Par contre, changer, c'était accepter fermement l'effort qui me permettrait de dépasser ces limitations. Sinon, je serais morte à petit feu de l'intérieur. Morte, mais vivante.

Dans ma vie, j'ai cherché trop souvent le confort de mon nid douillet. Mais la vie n'est pas une ligne droite. C'est plutôt une succession de montées, de descentes, de plats et de creux. Cette phrase d'un maître inconnu m'a toujours accompagnée : « Acceptez que jusqu'à la fin de vos jours, vous aurez des épreuves plus ou moins faciles à traverser. » La question n'était pas de les éviter, mais de trouver la façon de les passer au mieux et le plus rapidement possible.

Au début de la maladie de Valentin, je ne connaissais pas suffisamment mes forces et mes faiblesses, ce qui a entraîné beaucoup d'erreurs. De plus, on m'avait toujours répété, depuis mon enfance, que j'étais « faible ». Ce formatage m'a fait traverser une adolescence où j'étais toujours malade. Quand j'ai annoncé à mon père que j'étais enceinte, il s'est décomposé tant l'image de *faiblarde* me collait à la peau. Heureusement, ma grand-mère l'a sermonné : « Mais enfin, elle ne t'annonce pas qu'elle a un cancer ! »

Dans un tel contexte, je ne partais pas gagnante pour épauler Valentin ; c'est pourquoi j'en faisais trop en étant présente sur tous les fronts, sans demander aucune aide. Je me suis très vite épuisée sans m'en rendre compte et les signaux d'alarme ont clignoté. En une année, j'ai cumulé des entorses au pied, au poignet et des fractures de doigts. Mon corps parlait : « Prends du repos et surtout, demande de l'aide. » Ma mère est venue me seconder durant quatre mois. J'étais quasi immobilisée. Alors, quel soutien précieux que celui de ma mère !

J'ajouterais aussi que j'ai eu l'immense chance d'avoir deux filles merveilleuses qui ont toujours été chaleureuses et aimantes et qui ont mis tout en œuvre, par elles-mêmes, pour ne pas ajouter de problèmes supplémentaires à ceux que nous vivions.

Pour Valentin, j'étais devenue son monde, son unique repère depuis la première opération, comme si elle avait touché une case dans sa tête, entraînant un profond sentiment d'insécurité que l'on retrouve chez la plupart des opérés du cerveau. Valentin était tout simplement collé à moi jour et nuit, appelant « maman, maman » en continu. Quel problème de gérer l'intendance de la maison et même de faire un saut aux toilettes ! J'avais un bébé géant qui ne pouvait gérer aucun stimuli extérieur, qui ne quittait pas sa chambre et qui me vampirisait totalement. J'ai tenté quelques astuces telles que des conversations téléphoniques qu'il entretenait avec des amis ou surtout avec ma sœur. Je faisais aussi venir son arrière-grand-mère ou sa grand-mère paternelle pour lui tenir compagnie, le temps que je fasse des courses. Mais ce ne fut bientôt plus tenable pour moi et j'atteignais mes limites. À mon cœur défendant, j'ai dû lui tenir ce dur langage : « Écoute Valentin, ce n'est pas moi qui suis malade, c'est toi ! C'est ta maladie, c'est ton problème. Alors oui, je suis là pour t'accompagner, pour t'aider, mais je ne peux pas tout faire à ta place. Tu dois trouver la force en toi pour te débrouiller seul. » Même ma mère a accusé le choc en disant : « Le pauvre, quand même, il est malade. » Cette fermeté que j'imposais à Valentin l'a transformé petit à petit et ma mère, tout penaude, en a reconnu les bienfaits.

Grâce à ces expériences plus ou moins douloureuses, j'ai appris, avancé, évolué. En dépit de l'extrême fatigue, jamais je n'ai été découragée. J'ai toujours entretenu, malgré tout, l'humour et la joie.

Le mot de Virginie

Je me répète certainement, mais ce qui nous réunit profondément, Cécile et moi, c'est qu'elle m'a toujours inspirée et que je l'ai toujours inspirée. Elle a des forces que je n'ai pas, et le contraire. En acceptant que l'autre m'inspire, je m'enrichis. En alliant nos atouts, nous sommes plus fortes ensemble.

La chance m'a menée vers un des livres de Mike Horn que je ne connaissais pas du tout. J'y ai retrouvé, dans un tout autre domaine mais avec les mêmes ingrédients, cette source d'inspiration si puissante, cet état d'esprit gagnant que proposent ses aventures de l'extrême. Ce récit a résonné au plus profond de moi. Cet homme simple, loyal et généreux, tant avec sa famille qu'avec les personnes qu'il rencontre, cet homme qui considère la Vie comme une aventure, lie l'esprit de conquête au dépassement de soi en sortant de sa zone de confort. Il prône le goût de l'effort et l'esprit d'équipe, de l'amitié et du partage. Ses forces physiques et mentales ne sont plus à discuter, il l'a prouvé par ses nombreux exploits.

J'ai donc naturellement voulu partager avec mes amis cette lecture si inspirante, pensant qu'elle pourrait être une aide précieuse sur leur chemin avec Valentin. J'ai offert le livre à Nicolas pour son anniversaire, mais ce sera Cécile qui le lira en premier.

J'étais loin d'imaginer l'impact de ce livre dans notre vie à tous.

Vacances en radiothérapie

Après nos différents séjours à l'hôpital et la quatrième opération acceptée, nous étions dans l'attente du début des séances de radiothérapie. Les médecins avaient prévu le démarrage des séances six semaines après l'opération puisque la tumeur de Valentin repoussait à chaque fois, dans les trois mois suivants. L'annonce de la révision de l'appareil de radiothérapie a généré une immense tension, car elle repoussait la date du traitement : nous allions dépasser les délais et favoriser le grossissement de la tumeur avec, comme conséquence, une nouvelle opération.

La radiothérapie a finalement eu lieu dans un centre, le PSI (Paul Scherrer Institut), basé en Suisse allemande, à Villigen, petit village du canton d'Argovie à trois heures de route de chez nous. Ce n'est pas un hôpital, mais un centre de recherches avant-gardiste où des personnes du monde entier viennent y travailler dans des domaines de compétences différentes. Il y a deux types de radiothérapies utilisées en général : celle à base de photons et celle à base de protons, utilisée à Villigen. L'avantage de ce dernier procédé réside dans les faisceaux beaucoup plus précis et ainsi les zones avoisinantes ne sont quasiment pas touchées. C'est la meilleure technique pour le cas d'une tumeur cérébrale dans un cerveau d'enfant.

Avant le début du traitement, les spécialistes ont effectué des examens radiologiques et surtout un moulage de la tête et du cou de Valentin. Ce moulage était nécessaire afin que le patient ne bouge pas d'un micron. En effet, les rayons provenant de différentes directions convergent sur un point d'une extrême précision afin de ne pas toucher les structures saines. Un protège-dents de « boxeur » relié fixement à une barre de fer, elle-même attachée au lit, vient compléter cet équipement.

C'est impressionnant à voir et impressionnant à vivre.

Alors qu'on se rendait en train et « entre hommes » au premier rendez-vous de contact à Villigen, Valentin m'a gravement déclaré : « Ecoute papa, j'ai découvert pourquoi j'ai cette tumeur. Je l'ai d'ailleurs expliqué à maman et elle est tout à fait d'accord avec moi. » Très intrigué, et connaissant son esprit d'à-propos et sa réflexion, je l'ai écouté avec attention : « En fait, vous n'acceptez pas que je grandisse et vous faites tout pour que je reste petit ! » Je n'ai pas pu m'empêcher de rire devant cette affirmation de Valentin totalement fondée. C'est vrai qu'il y a un gros décalage entre sa taille et sa forme de maturité, voire de sagesse, qu'il a acquise tout au long de sa maladie. Alors, quelles étaient ses revendications ? « Eh bien, voilà, j'aimerais voir des séries. Comme vous me prenez pour un enfant, vous voulez toujours que je regarde des dessins animés. J'aimerais regarder des séries, maintenant, comme celle de *Walking dead* ! » J'en étais abasourdi. On allait passer des dessins animés à des films apocalyptiques où les humains se transforment en morts-vivants et où une poignée d'hommes se battent pour ne pas se faire dévorer ! En bref, des visions d'horreur ! Le changement était brutal et j'hésitais fort à accepter. Alors Valentin a surenchéri : « Ben, tu vois, c'est bien ce que je disais : vous refusez que je grandisse, je n'ai pas le droit de regarder *Walking dead.* » Devant de telles convictions et le besoin de prouver qu'il était grand, nous avons visionné ensemble quelques épisodes dans le train.

À notre arrivée au PSI, après plusieurs heures de trajet, quelque chose d'incroyable s'est passé. Ce centre, perdu dans la campagne, est une sorte de zone industrielle totalement bétonnée sans aucun signe de végétation et dont certains bâtiments ont une architecture futuriste très déconcertante. On avait l'impression d'être dans *Walking dead* ! Alors, spontanément, on est devenus les héros de nos propres épisodes, pris au jeu de la survie et poursuivis par des morts-vivants. Il fallait ruser, être sur ses gardes, épier les couloirs et les coins sombres, éviter à tout prix une attaque de zombies, sans que rien de cette lutte ne puisse se lire sur nos visages. Un moment de complicité père-fils exceptionnel et intense. Une fois de plus, nous avions réussi à transformer un événement glauque et lourd de menaces en un jeu léger et drôle.

Mais la réalité nous a vite rattrapés quand le médecin nous a annoncé que le traitement durerait deux mois avec des séances quotidiennes du lundi au vendredi.

De retour à Lausanne, je me suis mis en quête d'un appartement agréable où Cécile et Valentin pourrait passer tout ce temps en Suisse alémanique. J'ai décidé de les accompagner durant la première semaine de radiothérapie afin de me rassurer en vérifiant que tout allait se dérouler au mieux. Avec Cécile, nous sommes partis dans un état d'esprit commun : « Il fait beau, nous sommes ensemble et ce sont les vacances d'été ! » Et nous allions tout faire pour que Valentin le vive de cette manière et puisse visiter cette magnifique région que nous ne connaissions pas du tout. À nous l'aventure aquatique où, au fil d'une rivière, accrochés à des bouées, nous nous nous sommes laissés porter par le courant. Seuls au monde, dans une nature sauvage et préservée, nous vivions des moments magiques, façon Mike Horn, mais version confort, sans crocodiles ni *piranhas*. Toujours cette même semaine, nous avons eu la chance d'assister à la fameuse représentation du cirque Knie. Merci à nos amis-voisins d'avoir eu la formidable idée de nous offrir les places ! Nous avons aussi profité de l'Aquaparc de Zurich pour une bonne journée de défoulement. Ces vraies vacances nous ont permis d'oublier pourquoi nous étions ici et les risques de la radiothérapie.

Les principaux effets secondaires sont la destruction totale de l'hypophyse, la nécessité d'un traitement médicamenteux en l'absence d'hormones, le risque de perdre 25 % des capacités intellectuelles et le développement d'un cancer malin secondaire. Pas très rassurant… C'est pourquoi les médecins prenaient énormément de précautions : un scanner quotidien et une IRM hebdomadaire pour suivre l'évolution de la tumeur.

Au premier contrôle, ce fut le choc : la tumeur continuait de grandir. Par chance, il était possible d'augmenter la zone à irradier. Mais la douche froide n'était pas terminée : la radiothérapie ne sera efficace qu'à la fin du traitement, dans deux mois, et si la tumeur grossissait entre temps, c'est une nouvelle opération qu'il faudra envisager et une nouvelle radiothérapie. Une course contre la montre a commencé. On savait à quel point cette fichue tumeur grandissait. Comme une mauvaise nouvelle n'arrive jamais seule, nous avons appris que la radiothérapie n'avait aucun effet sur le côté kystique des tumeurs, et celle de Valentin était justement faite de kystes remplis de liquide ! L'abattement devant ces obstacles nous guettait. Mais de nouveau, nous n'avions pas le choix, nous devions continuer le traitement et faire confiance à la Vie.

À la fin de la semaine, je suis retourné à Lausanne pour reprendre mon travail, rassuré par la gentillesse de toute l'équipe du PSI qui était aux petits soins pour Valentin. Je restais en contact quotidien avec ma femme et mon fils, et j'ai aussi aménagé mon agenda afin de profiter, malgré tout, de l'été et de la convivialité de mes amis qui m'ont beaucoup entouré.

L'effet MH

Nous étions donc à Villigen depuis déjà une semaine et Nicolas venait de repartir pour Lausanne. Que de souvenirs inoubliables ! Chaque jour a été une aventure et une joie partagée avec mon mari et mon fils. On a réussi à oublier véritablement la raison de notre présence ici, la radiothérapie est passée au second plan.

Il restait maintenant encore sept semaines à vivre tous les deux en Suisse alémanique. Habituellement, les vacances scolaires – nous étions en été 2017 – sont dédiées à la famille et se déroulent, en grande partie, à l'île d'Elbe. Cette séparation était un déchirement pour tous. Mais quel autre choix que celui de s'organiser au mieux pour le bien et le meilleur de chacun ? Laurie avait un projet de voyage linguistique qui tombait à pic et quelle chance de la savoir heureuse dans l'accomplissement de son désir. Restait Ludivine. L'entraide sera de nouveau de la partie puisque Frank et Virginie nous ont proposé de la prendre durant leurs vacances en famille à l'étranger. J'étais soulagée en sachant qu'elle passerait de joyeux moments dans une ambiance différente où de nouvelles découvertes lui feraient un peu oublier le manque du cocon familial.

J'étais en paix, j'avais l'esprit libre et enjoué pour transformer, à mon tour, ce séjour obligé à Villigen en véritables vacances pour Valentin, malgré les deux à trois heures quotidiennes consacrées à la radiothérapie. Nous sommes partis explorer la région en visitant les villes et les musées, en musardant dans les parcs et en nous amusant dans les piscines. Le soir, à l'heure du coucher, j'ai eu la bonne idée de faire la lecture à Valentin du livre de Mike Horn, *Objectif : Pôle Nord de nuit.*

Je me souvenais que ses livres m'avaient permis de sortir de la lourdeur de mon quotidien, de m'évader, de voyager en des terres inconnues, de découvrir des domaines comme l'alpinisme, la voile, la survie ou la jungle. En vivant chaque jour avec cet explorateur des temps modernes, j'ai découvert un homme fort, courageux, déterminé et qui ose là où c'est impossible. Et quelle claque j'ai reçue en étant mise inévitablement devant mes propres limites ! Mais aussi, quelle source d'inspiration incroyable et quel élan cela m'a donné face à la quatrième opération de Valentin et aux longues semaines de radiothérapie qui représentaient pour moi le K2 !

Merci à Mike Horn dont j'ai dévoré tous les livres avec joie ! Il est arrivé au bon moment dans ma vie.

En lisant et en expliquant ses aventures chaque soir à Valentin, je lui ai transmis « l'effet Mike Horn ». À la fin des deux mois, contaminé à son tour, il a décidé : « Maman, moi aussi je veux faire comme lui : partir à l'aventure ! »

Ludivine, 11 ans, la petite sœur de Valentin

Etoiles de mer

L'été de la radiothérapie de mon frère, j'avais dix ans et j'étais bien triste de ne pas passer les vacances en famille. Mais j'ai la chance d'avoir une marraine formidable ! Comme dans les contes de fées, elle a agité sa baguette magique et m'a proposé de partir avec sa famille. J'ai accepté sans hésiter. Je me sens bien avec eux tous et cela m'évitera de trop penser à Valentin et à l'absence de mes parents. J'ai passé quinze jours inoubliables avec Virginie, Frank, Léane et Mathis. Quoi de mieux pour commencer les vacances sous le signe de l'amusement que de visiter le *Futuroscope* de Poitiers ? Puis nous avons été à La Baule, en Loire-Atlantique, dans un hôtel « château Princesse » face à l'Atlantique où nous, les trois enfants, partagions une chambre. Le soir, nous avons lu, ri, joué, mangé les *hamburgers* du *room service* en regardant de bons films. Le rêve, quoi ! La journée, nous découvrions toujours un endroit différent. Et avec ma marraine, « tout est permis » et elle a tout fait pour me faire plaisir. Même m'acheter une nouvelle série de bouquins que je guettais, mais que maman m'avait interdit avant d'avoir fini la précédente. Je les ai dévorés et, chaque matin, je faisais le récit de ma lecture au petit-déjeuner. Mathis s'est mis à la course aux chapitres, lui qui n'aime pas lire. Trop drôle !

J'ai tellement de bons souvenirs de cette période. Un jour, lors d'une virée *shopping*, Frank s'est arrêté dans une bijouterie. Il faut dire que son gros truc, à Frank, ce sont les montres. Je crois qu'il les collectionne. Dans la bijouterie, je n'avais qu'une envie, celle de réaliser un vieux rêve : me faire percer les oreilles pour porter des boucles. Ma marraine, qui lit en moi comme dans un livre, a compris tout de suite la situation. Elle est géniale, ma marraine, je l'adore. Elle a appelé maman et lui a demandé son accord. Elle a dit oui ! On devait juste attendre le dernier jour des vacances pour le faire afin d'éviter que le sel et le sable n'irritent les petites cicatrices. Mais j'en avais tellement envie que j'en parlais à longueur de journée. Finalement, deux jours plus tard, nous sommes retournées toutes les deux à la bijouterie. J'étais tellement contente que j'en sautais de joie !

Sur la plage, à marée basse, nous organisions des chasses aux étoiles de mer et le gagnant était celui qui en ramenait le plus. Je suis devenue la championne toute catégorie ! Nous passions ainsi des heures au bord de l'eau. Un de mes jeux favoris était de m'asseoir toute mouillée sur Frank qui faisait la sieste au soleil. Ça faisait tellement rire Léane, Mathis et Virginie. Il faut dire que mes parents m'appellent « crevette », tant je suis fluette, et que Frank mesure un mètre nonante-six et pèse cent kilos. Le contraste était vraiment rigolo !

Le mot de Virginie

Depuis longtemps, aider et soutenir Cécile et Nicolas était notre priorité. C'était donc spontanément que nous avons proposé de prendre leurs filles en vacances pendant le long séjour de Valentin au centre de radiothérapie. Laurie avait déjà un programme et Ludivine a accepté avec joie.

Mon rôle de marraine me tient à cœur. À voir la tristesse de Ludivine, notre objectif était de lui rendre son sourire et sa joie de vivre. Nos enfants ont été aussi d'une aide précieuse. Le rire, le jeu, la détente ont été des ingrédients salutaires pour Ludivine. Son charme, sa loyauté envers sa famille, sa douceur et ses capacités d'adaptation ont rendu ce séjour mémorable pour nous aussi. Je fonds devant ce petit ange…

Vive l'aventure !

Suite à la radiothérapie, fin août 2017, nous sommes partis à l'île d'Elbe. Nous avions demandé une dérogation à l'école, car il était nécessaire de nous retrouver en famille après cette séparation forcée, de respirer l'air du large après ces mois d'apnée. Seule Laurie n'avait pu se joindre à nous. Elle intégrait sa première année de maturité.

Et surtout, surtout, Valentin avait besoin du plus grand repos. Les médecins nous avaient avertis : la totalité des doses était concentrées sur la fin du traitement, elles allaient engendrer une fatigue extrême : « Ne comptez pas trop sur lui, il sera exténué pour plusieurs semaines. »

Devant la maison de vacances, en déchargeant les bagages, j'ai découvert, placé dans le coffre à notre insu, l'équipement complet du parfait baroudeur : sac à dos, lampe frontale, mini matelas gonflable, sac de couchage et barres de céréales protéinées. Moi qui avais pris pour un épisode anecdotique sa soudaine passion de l'extrême, j'étais servie ! Quand j'ai demandé à Valentin de s'expliquer, il m'a répondu qu'il avait prévu un plan d'action et tout préparé en conséquence : quatre jours à l'aventure dans l'île, façon Mike Horn. Dans l'état physique où il se trouvait, il voulait mettre à exécution son rêve d'aventure ? Je lui ai suggéré de prendre d'abord le temps de se reposer, mais deux jours plus tard, il annonçait : « C'est décidé, je pars aujourd'hui ! » J'ai joué ma dernière carte pour freiner ses ardeurs : « Tu sais, Valentin, Mike Horn ne part pas comme ça, sur un coup de tête. Il s'entraîne avant. Ne crois-tu pas que tu devrais essayer d'abord de dormir une nuit dans le jardin pour t'exercer à la vie sauvage ? » Ouf ! Valentin a sauté sur l'idée, mais mon mari n'y croyait pas trop. Lui-même, petit, avait tenté de dormir à la belle étoile et avait réintégré son lit douillet au milieu de la nuit ! La maison était isolée, la nuit bien noire et les bruits de la nature amplifiés par l'imagination… Valentin fera-t-il mieux que son père ? Nous l'avons retrouvé au petit matin, heureux d'avoir dormi toute la nuit dehors. Nous l'avons félicité avec chaleur, car, vu son état physique, nous savions quel effort considérable il avait fourni.

Il s'est reposé les quatre journées suivantes.

À la fin du cinquième jour, jour de tempête violente comme on les connaît en Méditerranée, Valentin m'a déclaré avec détermination : « Ça y est, maman, je pars. Oui, même par ce mauvais temps ! J'ai tout préparé et comme je ne sais ni pêcher ni chasser, j'ai pris ce qu'il faut pour manger. Et aussi mon téléphone au cas où je me ferais mal. »

Un seul mot m'est venu en tête : NON !

La lutte intérieure a commencé. Je savais bien que mon « non » répondait à mon inquiétude. À lui qui était resté si longtemps entre les quatre murs de la maison, qui n'avait expérimenté que la maladie et les hôpitaux, je devais cette liberté malgré tous les dangers que j'imaginais. Mais s'il lui arrivait quelque chose, je m'en voudrais tellement… En même temps, j'étais admirative de son courage et de cette démarche qui le poussait en avant. Il était heureux, il n'avait pas peur, alors pourquoi ce « non » ? Accepter, lâcher, protéger, surprotéger, où se situait le juste milieu ?

Je l'ai regardé partir, tout joyeux, son sac d'aventurier sur le dos. Il avait choisi la direction du vieux *bunker* abandonné, situé à vingt minutes à pied environ, perdu dans la végétation, près de la falaise et éloigné de tout. Par un temps pareil, il n'y aurait nulle âme aux alentours. Il avait bien choisi son endroit pour être « seul au monde ».

Une longue attente a commencé. Pendant le repas du soir, nous tirions une tête d'enterrement et Ludivine en a rajouté en nous reprochant de l'avoir laissé partir : « Allez le chercher ! Il ne peut pas rester seul là-bas toute la nuit. » Je l'ai rassurée en me rassurant.

Une longue nuit a commencé. J'avais mal au ventre à la seule idée de le savoir dans ce *bunker*. Je résistais à l'envie d'aller vérifier sur place, d'intervenir sans le laisser vivre l'expérience jusqu'au bout. Nous échangions nos inquiétudes avec Nicolas en nous soutenant l'un l'autre et en chassant les moustiques. Qu'il était long le temps jusqu'au petit matin !

Très tôt, Ludivine a rejoint son frère en lui apportant son petit-déjeuner. Valentin est revenu triomphant, rayonnant. Il avait tenu toute la nuit et lui, en plus, il avait dormi !

Plein d'enthousiasme, il nous a raconté son expérience : nettoyage du campement, installation du matériel, dégustation des barres de céréales sur la falaise en regardant les lumières de la baie où nous nous trouvions, « emmitouflage » dans son sac, balayage des embruns de la tempête qu'il recevait sur ses joues, recensement des bruits du voisinage et extinction des feux. Au milieu de la nuit, il est réveillé par des chatouillis sur le visage. C'était le sable du plafond, gratté par un énorme insecte genre « perce-oreille géant » qui s'y baladait. Dans cette ambiance, il a eu peur, très peur. Il a alors récité sa phrase-fétiche des moments d'angoisse : « Si je meurs cette nuit, j'aurai bien profité de la vie, » et il a utilisé ma stratégie : changer d'état d'esprit, transformer le négatif en positif. Grâce à son imagination, il a transformé l'insecte effrayant en caméra de surveillance protégeant son sommeil. Il s'est empressé d'en avertir aimablement l'insecte avant de se rendormir.

Les bras m'en sont tombés. Seules des forces que je ne lui connaissais pas lui ont permis de briser son cocon habituel.

Notre fils a pu renverser une situation de peur en une situation de confiance et a assumé un long temps de solitude en ne s'appuyant que sur ses nouvelles forces.

Valentin semblait banaliser la situation en nous annonçant qu'il envisageait trois jours supplémentaires dans la jungle de l'île d'Elbe. Là, j'ai dit stop ! « Valentin, dans cette expérience que bien des adultes ne feraient pas, ce n'est pas le nombre de nuits qui comptent, mais leur qualité. Ce que tu as réalisé, c'est un exploit, tu as fait du « Mike Horn ». Tu peux être fier de toi, et tu peux t'en nourrir. »

Et moi..., je me voyais mal enchaîner trois nuits blanches supplémentaires !

La magie de la Vie

Début octobre 2017, après une longue pause de trois mois, je me suis rendue chez Cécile pour trouver Valentin et le féliciter de son exploit sur l'île d'Elbe. Je connaissais les lieux et jamais je ne serais restée seule dans ce *bunker* une nuit de tempête. Inspirée par une amie parisienne, j'ai spontanément proposé à Valentin d'aller plus loin et de rencontrer Mike Horn. Ça prendra le temps que ça prendra, mais promis, juré, craché ! Ses yeux se sont illuminés… et se sont vite éteints quand je lui ai proposé d'écrire une lettre. Pas très subtil de ma part vu son retard scolaire. Mes neurones se sont activés en urgence pour remplacer la lettre par une idée adaptée à ses talents : une vidéo. Il adore faire des montages, il a créé sa chaîne YouTube et a tourné de bons plans de sa nuit dans le *bunker*. Je l'ai laissé réfléchir à cette proposition et suis rentrée chez moi sans me douter que, déjà, la Vie se mettrait à l'œuvre.

J'ai relaté à Frank ce nouveau *challenge* décidé avec Valentin ; il l'a raconté à Astrid, l'une de ses associées dont le mari, Gérald, a travaillé plusieurs années avec Mike Horn. Je n'en revenais pas de cette si « heureuse coïncidence » ! Et la magie de l'entraide a opéré toute seule : trois semaines plus tard, Valentin a reçu une vidéo de Mike Horn avant même de faire la sienne, qui le saluait et lui promettait de le rencontrer un de ces prochains jours. Pour l'instant, il était à l'autre bout de la planète. Fou de joie, Valentin courait dans toute la maison en hurlant son bonheur. J'ai appris la nouvelle par Nicolas qui est tombé en larmes dans mes bras, en me remerciant. Je n'y étais pas pour grand-chose, mais, comme lui, j'étais émerveillée par le pouvoir concret de l'entraide. Un seul problème : l'agenda chargé de l'aventurier de l'extrême. Il est souvent absent pendant plusieurs mois, voire années, et ne passe que très peu de temps en Suisse, entre deux expéditions. Valentin, déjà comblé par la vidéo, était prêt à patienter. Parfait. Nous allions laisser faire le plan de la Vie et là, à ma grande surprise, hop, un petit miracle comme je les aime : Mathieu, un autre associé de mon mari, est président du Groupe d'intervention médicalisée de haute montagne (GRIM). Chaque année, il organise un congrès et plusieurs conférences pour les guides, les médecins et les membres du Groupe. Devinez qui est invité en janvier 2018 ? Oui, Mike Horn, qui sera présent à Champéry, une station de montagne près de chez nous, et qui donnera une conférence exceptionnellement ouverte au public ! On ne peut que s'incliner devant cette nouvelle et incroyable « heureuse coïncidence ».

Une rentrée particulière

J'avais inscrit Valentin dans une nouvelle école qu'il réintégra en rentrant de l'île d'Elbe. J'avais averti la directrice que, vu son état de santé et comme cela s'était passé ces quatre dernières années, il ne suivrait pas tous les jours les cours. Une adaptation spécifique du programme avait été organisée pour lui permettre, malgré tout, d'avoir une vie d'écolier. Valentin était heureux de recommencer à apprendre et de rencontrer de nouveaux amis.

En plus, en sortant de sa zone de confort lors de la nuit dans le *bunker*, il avait gagné en confiance et il abordait la rentrée comme un nouveau *challenge*.

La fin septembre était aussi pour nous l'heure du bilan médical avec l'inévitable IRM et le bilan biologique complet. Nous étions remplis d'espoir et attendions avec impatience les résultats.

Le verdict est tombé, et nous avec !

La tumeur avait regrossi et le bilan hormonal était catastrophique.

La famille, toujours présente, est venue aux nouvelles et, en réponse à sa grand-mère affligée, Valentin a réagi en accord avec son nouvel état d'esprit. À notre grande surprise, il lui a répondu : « Écoute, grand-maman, on s'en fout des résultats ! Sache une chose : je suis guéri ! »

Une réunion au sommet

En décembre, comme tous les parents, j'ai été convoquée à l'école pour l'évaluation semestrielle de Valentin. Son professeur principal m'a reçue en partageant sa stupéfaction devant la régularité de la présence de Valentin en classe, alors que je l'avais prévenu qu'il ne suivrait que sporadiquement les cours. Depuis la rentrée, il n'avait pas manqué un seul jour d'école. Il n'y comprenait rien, et moi non plus.

En effet, chaque matin depuis presque trois mois, je me surprenais à penser : « Il va à l'école encore aujourd'hui ? Il devrait tout juste tenir debout au vu de ses résultats sanguins, les plus mauvais de ces quatre dernières années. Il tient le coup ? Combien de temps cela va-t-il durer ? »

C'est grâce à la remarque de ce professeur qu'en une fraction de seconde, mon cerveau a fait le lien et tous les événements se sont connectés autour de cette évidence : les nouvelles forces que Valentin s'était découvertes à travers son « exploit du *bunker* » lui ont permis de dépasser la biologie. Ainsi que mon entendement ! Il prouvait donc concrètement qu'il vivait sa décision : « Je suis guéri. »

L'Inspiration

En janvier 2018, nos deux familles partent pour Champéry. La neige tombe à gros flocons, c'est féérique. Dans les voitures, les enfants sont, à la fois, surexcités et intimidés : la rencontre avec le héros est proche…

Nous leur avions demandé de lire un de ses livres avant d'assister à la conférence et les avions guidés dans ce jargon de l'extrême qui parle de contrées si lointaines pour eux. À Champéry, nous prenons le temps d'une halte au restaurant du palais des Congrès. Et la chance nous sourit à nouveau : attablé avec le collègue chirurgien de mon mari, Mike Horn mange tranquillement. Grâce à Frank, c'est tout naturellement que la rencontre a lieu entre nos enfants et Mike. Bien sûr, depuis plusieurs mois, il a eu des nouvelles de Valentin par nos amis Astrid et Gérald. La simplicité, la décontraction et la joie de l'aventurier face aux enfants ont rendu magique cet instant tant attendu.

Quelle joie j'ai éprouvée d'être spectatrice de la concrétisation de la promesse faite à Valentin !

Après deux heures de conférence où la transmission de sa passion réveille notre envie de nous surpasser, le temps des questions arrive. Valentin, installé au premier rang pour ne pas perdre une miette de ce grand moment, lève la main et pose une question dont la pertinence nous laisse sans voix : « J'aimerais savoir si une fois vous avez failli vous endormir ou vous évanouir dans un moment où il ne fallait pas. » Et Mike de lui répondre : « Ah, ouais, en classe, je m'endormais souvent. Ma maîtresse ne m'inspirait pas beaucoup ! Plus sérieusement, un jour de plein hiver, autour du cercle polaire arctique, je marchais au nord de la Sibérie, et, malgré la nuit presque toujours présente, j'ai vu arriver vers moi un gros nuage noir. J'ai calculé que je pouvais encore marcher plus d'une heure pour avancer au maximum. Mais le nuage devenait menaçant et, dans ma tête, j'entendais quelqu'un me parler : « Mike, arrête. Monte ta tente parce qu'un nuage comme ça, tu n'en as jamais vu et tu vas vers l'inconnu. » Mais je ne voulais rien entendre et tout gérer, et marcher encore et encore. Tout à coup, le vent s'est levé, plus question d'installer une tente, et il augmentait au fur et à mesure de mon avancement. Une énorme dépression arrivait sur l'Arctique. Un coup de vent magistral m'a plaqué sur la glace. J'ai pensé, étrangement, que si je fermais les yeux et que je m'endormais là, je ne me rendrais pas compte que je mourrais. Soudain, l'image de mes deux filles restées à la maison m'a secoué. Hors de question de m'endormir et de mourir. Je dois rester vivant, pour elles. C'est pour cela qu'on doit se battre dans la vie. Comme toi tu te bats, Valentin. Et c'est toi, Valentin, qui m'inspires.

Chacun de nous a sa propre montagne à gravir, son propre pôle Nord à atteindre. Pas seulement moi, mais toi aussi. Il ne faut rien lâcher, toujours se battre, parce que c'est le seul petit espoir d'y arriver. Dire « non, là j'arrête de me battre » ne doit jamais exister dans nos paroles. »

Sur ces mots qui nous concernent tous se termine cette magnifique soirée avec Mike Horn.

Le mot de Cécile

Le lendemain, je demande à Ludivine et à Valentin ce qu'ils ont retenu de cette soirée. C'est l'émerveillement dans les yeux de mon fils : « Maman, tu te rends compte ? C'est Mike qui m'inspire et moi je l'inspire ? Je l'inspire ! » Et Ludivine me répond : « Maman, il m'a donné foi en moi. »

Quels beaux cadeaux de la Vie !

Le mot de Valentin

J'étais tellement surpris d'entendre Mike Horn dire que je l'inspirais. J'ai eu l'impression de fondre, tellement j'ai eu chaud sur le moment. Je répétais en boucle à ma maman : « Tu te rends compte, Mike Horn a dit que je l'inspirais ! Moi, c'est lui qui m'inspire. C'est dingue ! Je n'en reviens pas. Je l'inspire, je l'inspire, trop beau ! »

L'Entraide

Depuis cinq ans, j'organise chaque année, dans des lieux différents, de petites virées de quelques jours pour partir seule avec Cécile. Le but : sortir des contraintes du quotidien, s'amuser, se ressourcer, décompresser et revenir *boostées* dans nos vies de tous les jours. Une complicité à toute épreuve et l'association de nos deux caractères nous permettent de créer des scénarios improbables et hilarants en continu !

En janvier 2018, tranquillement installées à la montagne, à Haute-Nendaz, en Valais, j'ai l'idée folle de remettre Cécile sur les skis qu'elle n'a plus chaussés depuis dix ans. Avec un niveau moyen et une condition physique déplorable, une belle partie de rigolade s'annonçait. Courageusement et joyeusement, Cécile relève le défi qui commence par la location du matériel. Une première étape nous annonçant une avalanche de situations comiques. Comment dire… Nous passons deux heures à déboussoler les vendeurs par notre grain de folie et nos cascades de *sketches*. Après avoir essayé vingt paires de chaussures, Cécile déclare haut et fort : « C'est bon, j'ai fait mon sport pour la journée, je skierai demain ! » À mon tour, lorsque le vendeur veut me peser pour ajuster mes chaussures aux skis, je refuse tout net : « Ah, non ! je ne monte pas sur la balance et je ne communique jamais mon poids à personne, même sous la menace ! »

Nos éclats de rire et notre comportement atypique sont contagieux. Nous partons avec notre matériel sous le bras et les vendeurs oublient de nous faire remplir les fiches de location. Une première dans ce magasin ! Après cet épuisant exercice, nous nous affalons au bistrot du coin. Là, Cécile m'annonce qu'elle a réfléchi à la proposition que je lui avais faite, voilà six mois, où je lui suggérais de faire quelque chose, à travers l'expérience qu'elle avait acquise, pour aider les parents des enfants malades, sous la forme de petites réunions. Elle pourrait transmettre l'état d'esprit développé durant toutes ces années. Cécile est décidée à aider, mais ne voit pas comment s'y prendre. Etant du milieu médical, je lui propose spontanément mon aide dans sa réflexion sans imaginer un instant que cette proposition allait nous entraîner ensemble vers des horizons nouveaux. Tout de suite me vient à l'esprit le nom du médecin-cheffe de la pédiatrie. Elle pourrait la contacter pour lui exposer son idée.

Le lendemain, alors que nous bouclons nos chaussures devant les télécabines de ce domaine skiable de plus de 410 kilomètres de pistes, qui nous interpelle d'une voix familière ? La fameuse médecin-cheffe ! Nous sommes à nouveau stupéfaites et émerveillées de ce clin d'œil de la Vie ! Rendez-vous est pris avec elle pour l'après-midi même. Son accueil enthousiaste encourage Cécile à se lancer dans cette voie.

Entre réflexion et amusement, nous passons cinq jours riches en expériences, car les débuts sportifs de Cécile, en chasse-neige sur une piste bleue, ont été vite oubliés pour passer rapidement à sa première descente sur la piste noire. Le secret d'une telle réussite ? L'entraide.

Ayant un niveau supérieur, je lui ai proposé de me suivre. J'ai décomposé mes gestes, ralenti mon rythme, corrigé ses erreurs avec bienveillance et, surtout, encouragé chacun de ses progrès. J'ai mis mes forces à son service et, en acceptant de me suivre, elle a déployé les siennes.

Cette expérience met en évidence le pouvoir de l'entraide. En alliant des forces complémentaires, on va au-delà de ce qui est décidé au départ. Non, la piste noire n'était pas prévue !

Ce séjour « pivot » donne une nouvelle tonalité à notre amitié et il apparaît tout naturellement que nous devons nous associer pour créer, ensemble, un projet destiné à aider les autres.

Après ces quelques jours à la montagne, un nouvel élan nous motive et tout s'enchaîne, comme par magie. Une succession de portes s'ouvrent, la Vie nous guide et nous fait prendre conscience d'une chose essentielle : un plan ? Y'a pas de plan ! Il y a seulement le plan de la Vie, un enchaînement d'événements qui mènent à la réalisation du projet. Encore, faut-il faire preuve d'humilité et de simplicité. Et surtout, ne pas tomber dans l'ornière de l'entêtement.

La première porte qui s'ouvre est celle qui nous réunit autour d'un repas avec un ami éditeur Il nous écoute lui raconter les aventures de Valentin, sa maladie, son exploit, sa rencontre avec Mike Horn, etc. Il trouve cette histoire si incroyable qu'il nous invite à l'écrire.

Cette rencontre est déterminante et nous ouvre un champ d'actions auquel nous n'aurions même pas pensé. Notre vision de départ s'élargit.

Et les rencontres vont continuer, se succédant les unes aux autres, aussi inattendues que surprenantes et vivifiantes !

Quelques exemples :

Lors de la première présentation « officielle » de notre projet d'entraide à un financier, il nous offre, conquis, ses services pour l'organisation de notre future structure associative. Quelle chance de bénéficier gracieusement de compétences que nous n'avons pas !

Nous devons communiquer plus largement pour nous faire connaître. Le meilleur moyen aujourd'hui ? La vidéo. L'entraide agit de nouveau et nous rencontrons Hugo, un jeune producteur parisien talentueux qui, touché par l'histoire de Valentin, nous offrira son travail : création du *script*, tournage durant trois jours en Suisse et réalisation du film. Ce fut incroyable de rencontrer une équipe de jeunes pareillement impliqués et si généreux !

D'une multitude « d'heureuses coïncidences » qui prendraient des pages et des pages à être narrées ici, est née notre association « ENTRE ET AIDE ».

Cécile, la maman de Valentin

L'état d'esprit

En juin 2018, nous avons rendez-vous avec l'endocrinologue pour le compte rendu des derniers examens de Valentin. Je suis calme et détendue, me fiant à l'état physique et psychique de mon fils. Il va bien. Il a suivi toute l'année scolaire, heureux d'aller à l'école chaque jour ; il a une vie sociale riche et variée. De plus, nous venons de vivre une expérience familiale extraordinaire partagée avec des amis : trois jours de tournage intensif dont Valentin était l'acteur principal.

Dans ce contexte, les résultats médicaux sont secondaires. Installé tranquillement en salle d'attente, Valentin se tourne spontanément vers les autres et exécute des tours de cartes pour amuser parents et enfants qui patientent aussi. C'est un soleil à lui tout seul !

Notre tour arrive et la doctoresse prend de ses nouvelles. Valentin répond du tac au tac : « Je pète la forme ! » L'endocrinologue a, simultanément sous les yeux, un Valentin rayonnant et les chiffres rouges de ses résultats sanguins. C'est incompréhensible. Ses yeux vont de son jeune patient à ses fiches. Cela ne colle pas du tout. D'autant plus qu'elle n'a jamais vu de résultats aussi mauvais de toute sa carrière. Par exemple, au niveau de deux marqueurs de sa thyroïde, il devrait se situer entre 12 et 22. Il a 1. Il devrait avoir entre 66 et 181. Il a 10. Avec un tel bilan, il devrait être au fond de son lit et ne pas tenir debout.

Pour moi, c'est miraculeux et je me tourne joyeusement vers Valentin en expliquant au médecin : « C'est incroyable ! Vous vous rendez compte ? Il vient de terminer hier soir un tournage intensif de huit heures du matin à très tard en soirée, il a même crapahuté à 2000 mètres d'altitude pour les besoins du film et il n'est même pas fatigué ! C'est génial, c'est génial ! »

Il va sans dire qu'il est primordial de trouver un équilibre hormonal, mais la réalité visuelle, en complète contradiction avec les chiffres, prouve la force de son état d'esprit. Et, cerise sur le gâteau, la tumeur a encore diminué depuis février dernier où elle avait déjà régressé d'un centimètre.

C'est beaucoup de bonheur d'entendre cette nouvelle.

Valentin est, pour nous, un exemple inspirant. Il a su changer ses formes de pensées et s'est créé une nouvelle vie. Il vit l'impossible. Il vit réellement ce qu'il a dit un jour : « Je suis guéri ».

À nous, à Virginie et à moi, aujourd'hui, de transmettre cet état d'esprit et d'inspirer le plus grand nombre à devenir un aventurier de l'entraide.

Alors, champagne !

Août 2018

Notre association

« Entre & Aide »

Présentation

Nous avons eu la chance, pendant ces six dernières années, d'éviter les mots-pièges tels que « injustice », « colère », « victime ». Nous nous sommes tous battus courageusement pour maintenir un **état d'esprit** joyeux tourné vers le dépassement de soi.

Sans le soutien d'un cercle de personnes de valeur, il aurait été impossible de maintenir cet état d'esprit. **L'entraide** a été fondamentale.

Quand, pour Valentin, la tempête s'est calmée, il était temps de transmettre notre histoire qui pouvait être une source **d'inspiration** pour les autres.

Nous, les grandes amies, nous partageons une expérience de vie riche et variée, forgée par les épreuves. Notre amitié solide et notre soif de transmettre nous ont conduites naturellement à créer une association d'entraide. Ensemble, nous voulions transformer ce drame en une cause noble et altruiste.

Entre et Aide n'a pas pour vocation d'être dans le combat, mais essaie humblement d'apporter une réponse à l'un des maux de notre société actuelle : l'égoïsme.

Nous avons choisi d'ajouter une pierre à l'édifice du bien, comme tant d'autres autour de nous.

Les buts de l'association :

1. Transmettre nos trois piliers : **l'état d'esprit, l'entraide, l'inspiration.**
2. Promouvoir l'action de se dépasser.
3. Soutenir et accompagner financièrement des personnes courageuses dans la réalisation d'un projet concret.

Si vous désirez connaître les projets que soutient notre association et/ou devenir à votre tour Aventurier de l'entraide, rejoignez-nous sur la toile : www.entreetaide.com

Virginie et Cécile

Épilogue… un an après

Des nouvelles fraîches

Cécile, la maman de Valentin

Les mois ont passé et les bonnes nouvelles se sont enchaînées. La tumeur a régressé à trois reprises et, aujourd'hui, elle reste stable.

Pour notre plus grand bonheur, le premier rêve de Valentin a enfin été exaucé. Grâce aux hormones de croissance, il a pris dix centimètres et mesure maintenant 1m40. Ce *pass* magique lui donne enfin accès aux attractions réservées aux « grands ». À seize ans, il était temps ! Par contre, ses âges osseux et hormonal sont restés ceux d'un enfant de dix ans et donc, en totale contradiction avec son état d'esprit de conquête. En outre, les dégâts provoqués sur son hypophyse sont irréversibles. Valentin a perdu la capacité physiologique, inhérente au corps humain, de s'adapter aux situations de crises (chocs émotionnels, traumatismes physiques, maladies bénignes, etc.). Sans compensation médicamenteuse immédiate, les conséquences sont catastrophiques et il en a déjà fait les frais : trois syncopes avec hospitalisation.

Six années d'expériences pas toujours faciles à gérer... Mais, je ne peux que constater les effets du pouvoir de l'inspiration. J'étais loin d'imaginer, lors de la première opération, qu'en choisissant de prononcer cette phrase : « Que Ta volonté soit faite », il me serait donné, pas après pas, de quitter l'inquiétude et de déployer, en moi, la confiance en la Vie.

Nicolas, le papa de Valentin

Avant la maladie de mon fils, j'avais, comme tous les parents, un idéal. Notre vie de famille était harmonieuse et nous étions un modèle pour beaucoup de personnes dans notre entourage. Tout était sous contrôle.

La violence et la gravité de la maladie de Valentin ont fait voler en éclats tous les plans que j'avais envisagés pour mes enfants. Dans cette voie obscure et incertaine, remplie de paradoxes, je n'ai pas eu d'autre choix que, petit à petit, de lâcher prise totalement.

Plutôt que de vouloir programmer en attendant tel ou tel résultat, de chercher à tout contrôler, j'ai dû apprendre à avoir confiance en la Vie.

En étant aux côtés de Valentin, j'ai eu le temps de l'observer et d'assister à sa transformation. Je l'ai vu découvrir de nouvelles forces parce qu'il avait accepté la situation et dépassé ses limites. Il a également développé son humour, ses talents d'acteur, son esprit d'à-propos, son empathie et sa capacité à apporter du bonheur aux autres. Il ne manque pas de jouer de n'importe quelle situation qui se présente et d'en faire ressortir le côté comique. Partout où il passe, il est comme un soleil qui réchauffe et apporte la joie. Je l'ai vu faire des bonds en maturité alors même qu'il était enfermé dans un corps d'enfant.

Sans le vouloir, il est devenu un exemple d'état d'esprit et d'entraide, et pour moi, mon héros, ma source d'inspiration.

Avec le temps, cette épreuve a transformé bénéfiquement chaque membre de la famille qui a pu découvrir ses propres dons et qualités.

J'ai également été touché par la générosité et la bonté de personnes proches ou moins proches.

Avec le recul, et cela va paraître fou, c'est un cadeau d'avoir vécu tout ça. Dans mon cœur, le drame et la souffrance se sont effacés pour laisser place à la gratitude et à l'émerveillement. Ne dit-on pas que « la lumière est dans les ténèbres ? »

À la différence de mon épouse, il m'a fallu du temps pour vivre la puissance de cette phrase : « Que Ta volonté soit faite. »

Salut, je m'appelle toujours Valentin, j'ai seize ans et, maintenant, je mesure 1m40, mais ça, maman l'a déjà dit. C'est trop cool, non ?

Si vous lisez ces lignes, c'est que vous avez fini mon histoire et j'espère qu'elle vous aura inspiré ! Et je vous dis bravo parce que moi, je n'aime pas lire. LOL (*laughing out loud*, pour les nuls du langage ado !)

De mon côté, l'aventure continue même si je n'arrive pas à y croire moi-même tellement je vis un rêve. Je rencontre des personnes connues qui viennent à moi sans que je fasse rien (« instagrameur », « youtubeur », *businessmen*, réalisateurs, chefs de projet, etc.) qui me proposent de faire des trucs de ouf !

J'ai donc tourné dans un court métrage pour le *Nikon festival*, réalisé des vidéos en *live* sur YouTube, participé et animé le *Hackathon* de Genève et fait partie d'un projet pilote pour une tablette interactive destinée aux enfants hospitalisés.

Lors de mes dernières hospitalisations, je suis devenu le « médecin du cœur » pour tous les enfants que j'ai rencontrés. J'ai tellement de nouveaux amis, des jeunes comme des adultes, que je ne peux plus les compter ! D'ailleurs, je profite, ici, de les embrasser tous !

Dans le métro, il m'est arrivé une fois un truc de dingue. J'ai assisté à un vol en direct et j'ai pas pu faire autrement que de m'interposer. Furieux, le voleur m'a poursuivi et j'ai juste réussi à atteindre un vigile. J'ai eu chaud, mais j'ai été super fier de moi !

Grâce à mon histoire, Virginie, maman et moi, nous avons créé une association d'entraide et nous intervenons dans les écoles pour inspirer les élèves. Nous organisons aussi des événements variés pour récolter des fonds.

Alors, merci à vous d'avoir acheté ce livre, car tous les droits d'auteur sont versés à l'association.

Si vous êtes d'accord, après tout ce qui m'est arrivé, j'aimerais vous transmettre un dernier conseil :

**PENSE TOUJOURS QUE, DANS LA VIE,
RIEN N'EST IMPOSSIBLE !**

Remerciements

À notre famille

Merci Nicolas d'avoir accepté de livrer ton jardin secret.

Merci Frank pour ton soutien sans faille.

Merci à vous deux pour votre patience inconditionnelle face à notre détermination et surtout, face à notre grain de folie ! Quelle chance d'avoir des maris comme vous !

Merci à nos enfants chéris pour leur participation active et leurs preuves d'amour continues malgré nos absences répétées. Nous n'aurons de cesse de vous dire combien nous sommes fières de vous !

À notre Kinkin d'amour

Comment te remercier, toi notre âme sœur, notre ciel bleu dans les orages ? Aujourd'hui, tu as une place particulière dans notre cœur.

À notre maison d'édition

Dès la première rencontre orchestrée par la Vie, notre éditeur, touché par le projet, a su lui donner une nouvelle dimension. Un chaleureux merci à Frédéric et à toute sa joyeuse équipe !

À tous les proches et moins proches

Nous avons appris, lors de cette aventure d'écriture, combien accepter nos incompétences permettait de laisser la place à des personnes de cœur. Chacun de vous a pu mettre ses qualités au service de ce projet.

À tous ceux et celles qui nous ont aidées, soutenues, encouragées, nous voulons leur dire un immense merci !

À ce maître inconnu

Il se reconnaîtra sans doute !

Du plus profond de notre cœur, merci à celui qui nous a tant transmis et prouvé : « Le chemin, c'est l'entraide. »

L'Essentiel

Infinie gratitude à la Divine Providence, la Vie, sans qui ce livre n'existerait pas.